Illustration Graphique Extra: www.freepik.com
Merci à Alekksall, Starline, Pch.vector, Rawpixel.com, Vectorpocket, Dgim-studio, Upklyak, Macrovector, Stockgiu, Pikisuperstar & Freepik.com Designers

Découvrez des Jeux Gratuits en Ligne

Disponible Ici :

BestActivityBooks.com/FREEGAMES

5 ASTUCES POUR DÉMARRER !

1) COMMENT RÉSOUDRE LES MOTS MÊLÉS

Les puzzles sont dans un format classique :

- Les mots sont cachés sans espaces, tirets, ...
- Orientation : Les mots peuvent être écrits en avant, en arrière, vers le haut, vers le bas ou en diagonale (ils peuvent être inversés).
- Les mots peuvent se chevaucher ou se croiser.

2) UN APPRENTISSAGE ACTIF

Un espace est prévu à côté de chaque mots pour noter la traduction. Pour favoriser un apprentissage actif un **DICTIONNAIRE** à la fin de cette édition vous permettra de vérifier et étendre vos connaissances. Cherchez et notez les traductions, trouvez-les dans le Puzzle et ajoutez-les à votre vocabulaire !

3) MARQUEZ LES MOTS

Vous pouvez inventer votre propre système de marquage. Peut-être en utilisez-vous déjà un ? Sinon, vous pourriez, par exemple, marquer les mots qui ont été difficiles à trouver d'une croix, ceux que vous avez aimés d'une étoile, les mots nouveaux d'un triangle, les mots rares d'un diamant, etc...

4) STRUCTUREZ VOTRE APPRENTISSAGE

Cette édition vous offre un **CARNET DE NOTES** très pratique à la fin du livre. En vacances ou en voyage ou à la maison, vous pouvez facilement organiser vos nouvelles connaissances sans avoir besoin d'un second bloc-notes !

5) VOUS AVEZ FINI TOUTES LES GRILLES ?

Allez à la section bonus **CHALLENGE FINAL** pour trouver un jeu gratuit à la fin de cette édition !

Simple et Rapide ! Découvrez notre collection de livres d'activités pour votre prochain moment de détente et **d'apprentissage**, à juste un clic de distance !

Trouvez votre prochain défi sur :

BestActivityBooks.com/MonProchainLivre

À vos marques, prêts... Partez !

Saviez-vous qu'il existe environ 7 000 langues différentes dans le monde ? Les mots sont précieux.

Nous aimons les langues et avons travaillé dur pour créer les livres de la plus haute qualité pour vous. Nos ingrédients ?

Une sélection des thématiques d'apprentissage adaptée, trois belles parts de divertissement, puis nous ajoutons une cuillère de mots difficiles et une pincée de mots rares. Nous les servons avec soin et un maximum de plaisir pour vous permettre de résoudre les meilleurs jeux de mots mêlés qui soient et d'apprendre en vous amusant !

Votre avis est essentiel. Vous pouvez participer activement au succès de ce livre en nous laissant un commentaire. Nous aimerions vraiment savoir ce que vous avez préféré dans cette édition !

Voici un lien rapide qui vous mènera à la page d'évaluation de vos commandes :

BestBooksActivity.com/Avis50

Merci pour votre aide et amusez-vous bien !

De la part de toute l'équipe

1 - Été

```
S  K  J  K  K  R  A  D  O  S  Ť  F  E  R
O  A  K  C  J  E  D  L  O  U  A  S  Y  E
T  L  N  J  E  K  M  K  A  Z  X  K  D  L
T  P  I  D  X  H  O  P  W  T  Z  R  U  A
O  B  H  L  Á  U  R  I  G  P  Á  S  J  X
A  C  Y  A  T  L  E  J  H  H  H  W  D  Á
B  H  W  O  I  E  Y  T  A  R  F  G  C
H  R  Y  Y  S  N  T  V  I  W  A  I  H  I
V  O  Ľ  N  Ý  Č  A  S  H  U  D  B  A  A
I  D  P  R  I  A  T  E  L  I  A  U  P  G
E  I  N  L  D  O  V  O  L  E  N  K  A  Y
Z  N  P  T  Á  J  M  V  M  Z  M  G  H
D  A  U  W  C  Ž  L  E  B  Y  L  E  M  M
Y  T  G  F  P  O  T  Á  P  A  N  I  E  J
```

PRIATELIA	MORE
KEMP	HUDBA
HVIEZDY	JEDLO
RODINA	PLÁŽ
ZÁHRADA	POTÁPANIE
HRY	RELAXÁCIA
RADOSŤ	SANDÁLE
KNIHY	DOVOLENKA
VOĽNÝ ČAS	

2 - Adjectifs #2

```
K  A  Z  P  D  R  A  M  A  T  I  C  K  Ý
Č  H  G  O  R  P  O  P  I  S  N  Ý  R  Z
I  H  I  G  D  O  S  M  B  B  S  R  E  D
S  L  A  N  Ý  P  D  P  F  D  U  K  A  R
T  L  N  M  G  K  O  U  G  N  C  L  T  A
Ý  D  Á  O  N  J  N  V  K  L  H  U  Í  V
I  I  D  V  P  Z  A  V  E  T  Ý  N  V  Ý
D  V  S  H  N  P  D  S  P  D  Í  O  N  S
M  O  C  N  Ý  Y  A  K  D  T  N  V  Y  B
T  K  X  T  O  P  N  H  H  R  D  Ý  N  F
T  Ý  O  G  R  O  Ý  X  B  F  F  V  O  Y
O  C  P  F  A  U  T  E  N  T  I  C  K  Ý
D  Y  Z  Z  A  U  J  Í  M  A  V  Ý  N  F
E  L  E  G  A  N  T  N  Ý  S  I  L  N  Ý
```

AUTENTICKÝ	NOVÝ
SLÁVNY	PRODUKTÍVNY
KREATÍVNY	MOCNÝ
POPISNÝ	ČISTÝ
NADANÝ	ZODPOVEDNÝ
DRAMATICKÝ	ZDRAVÝ
ELEGANTNÝ	SLANÝ
HRDÝ	DIVOKÝ
SILNÝ	SUCHÝ
ZAUJÍMAVÝ	

3 - Exploration

```
K F V G X U S Z V T S N V V
F M Z P R I E S T O R E Y Z
F R D V R V U G C U D Z Č R
R J I B D Y O M E S I N E U
O W A Č I N N O S Ť V Á R Š
Z H L Z Z V S Z T U O M P E
H O E N Y W Y V O K K Y A N
O F N O J K O I V G Ý K N I
D W Ý V V Z D E A H T U I E
N A G Ý D A V R N F B L E T
O O B J A V A A I D H T X E
S V E L R J H T E Z V Ú S R
Ť I G J I N A Á S G U R T É
N E B E Z P E Č N Ý C U G N
```

ČINNOSŤ	NEZNÁMY
ZVIERATÁ	JAZYK
ODVAHA	VZDIALENÝ
KULTÚR	NOVÝ
OBJAV	NEBEZPEČNÝ
ROZHODNOSŤ	DIVOKÝ
PRIESTOR	TERÉN
VZRUŠENIE	CESTOVANIE
VYČERPANIE	

4 - Formes

```
K  E  C  C  R  K  E  O  S  O  M  O  D  H
O  B  L  Ú  K  Y  W  J  T  I  N  Z  E  Y
O  K  Y  I  R  J  P  O  R  U  O  K  T  P
D  M  J  M  P  N  Y  K  A  K  H  K  O  E
K  U  Ž  E  Ľ  S  R  R  N  O  O  R  V  R
H  R  A  N  O  L  A  A  A  C  U  U  Á  B
S  L  Z  Z  Y  F  M  J  L  K  H  H  L  O
F  I  E  O  P  S  Í  E  I  A  O  M  Z  L
É  N  R  Ú  T  O  D  G  R  D  L  F  O  A
R  K  R  I  V  K  A  P  W  L  N  X  A  F
A  A  N  Á  M  E  S  T  I  E  Í  Z  H  L
V  A  L  E  C  P  I  V  X  L  K  F  I  L
O  B  D  Ĺ  Ž  N  I  K  N  I  S  L  U  B
T  R  O  J  U  H  O  L  N  Í  K  X  W  K
```

OBLÚK	ELIPSA
OKRAJE	HYPERBOLA
NÁMESTIE	LINKA
KRUH	OVÁL
RÚT	MNOHOUHOLNÍK
KRIVKA	HRANOL
KUŽEĽ	PYRAMÍDA
STRANA	OBDĹŽNIK
KOCKA	SFÉRA
VALEC	TROJUHOLNÍK

5 - Salle de Bains

```
N  S  G  P  Y  H  K  W  Z  H  I  K  T  E
O  S  K  A  Y  C  N  O  O  X  A  Ú  K  P
Ž  S  P  R  C  H  A  V  H  Y  D  P  W  D
N  F  D  F  É  D  I  L  V  Ú  Z  E  B  O
I  J  P  U  E  M  K  E  R  Y  T  Ľ  F  A
C  T  M  M  K  O  B  E  R  E  C  I  W  Š
E  P  A  R  A  Z  Á  C  H  O  D  U  K  A
M  Y  D  L  O  R  T  X  F  H  H  T  E  M
L  S  N  U  J  K  D  A  X  J  U  E  J  P
M  X  H  B  J  A  Y  R  B  T  B  R  Z  Ó
U  V  O  D  A  D  F  U  E  S  K  Á  F  N
U  D  B  U  B  L  I  N  Y  Z  A  K  K  P
Z  D  A  U  G  O  R  E  K  Y  C  P  W  G
P  A  L  N  B  K  U  V  D  A  W  E  N  U
```

KÚPEĽ	PARFUM
BUBLINY	KOHÚTIK
NOŽNICE	MYDLO
SPRCHA	UTERÁK
VODA	ŠAMPÓN
HUBKA	KOBEREC
DREZ	ZÁCHOD
KRÉM	PARA
ZRKADLO	

6 - Adjectifs #1

```
B O R M J R H A T E N K Ý Š
G R I L U K H B H S C L Ť T
A E S A E B V S S M D D A E
Ú R Z D F L P O M A L Ý Ž D
P A O Ý U M E L E C K Ý K R
R K N M V H M Ú X F A W Ý Ý
I T E O A F K T O T O Ž N Ý
M Í V B P T A N T J F A N E
N V I R T J I Y I S U H M W
Ý N N O X P K C C B B T F B
N Y N V V U T Z K R Á S N Y
R C Ý S P P Z P Ý Ý R S J R
R E B K A M B I C I Ó Z N Y
G U G Ý M O D E R N Ý V X E
```

ABSOLÚTNY	ÚPRIMNÝ
AKTÍVNY	TOTOŽNÝ
AMBICIÓZNY	NEVINNÝ
AROMATICKÝ	MLADÝ
UMELECKÝ	POMALÝ
KRÁSNY	ŤAŽKÝ
EXOTICKÝ	TENKÝ
OBROVSKÝ	MODERNÝ
ŠTEDRÝ	

7 - Instruments de Musique

```
V X E H P E R K U S I E C B
I K B U B O N M V W I O X A
H P B S U F S P O X K P Z N
K O T L N L J V K W O I W J
L F B E M A N D O L Í N A O
A A I O H U A X S N H Y D T
R G G Y J T B G L F S F M R
I O I L H A R M O N I K A O
N T T A M B U R Í N A K R M
E T A H B A S K H I G L I B
T W R G A C S Z A W P A M Ó
C X A N O R M G H V N V B N
T R Ú B K A F V Y E H Í A D
S A X O F Ó N A P B X R X K
```

BANJO	MARIMBA
FAGOT	PERKUSIE
KLARINET	KLAVÍR
FLAUTA	SAXOFÓN
GONG	BUBON
GITARA	TAMBURÍNA
HARMONIKA	TROMBÓN
HARFA	TRÚBKA
HOBOJ	HUSLE
MANDOLÍNA	

8 - Échecs

```
G  N  O  W  S  D  Y  O  M  P  A  H  Z  Č
T  N  K  P  R  A  V  I  D  L  Á  S  A  I
S  T  R  A  T  É  G  I  A  H  R  Á  Č  E
D  M  Á  S  Ú  P  E  R  P  R  A  M  A  R
I  A  Ľ  Í  Z  L  O  Y  F  A  O  I  S  N
A  G  O  V  R  L  D  H  G  V  E  X  B  Y
G  B  Z  N  O  P  W  C  K  U  P  L  F  X
O  N  I  Y  K  R  Á  Ľ  O  V  N  Á  M  Y
N  M  R  E  Y  R  O  B  E  T  O  V  A  Ť
Á  H  G  B  L  F  T  N  O  R  K  N  J  E
L  W  J  S  C  Y  K  P  D  D  Z  K  S  N
N  D  G  G  D  B  V  Ý  Z  V  Y  H  T  S
Y  S  Ú  Ť  A  Ž  T  U  R  N  A  J  E  W
I  U  K  A  S  Y  W  R  A  Z  M  I  R  X
```

SÚPER	PASÍVNY
BIELY	BODY
MAJSTER	KRÁĽOVNÁ
SÚŤAŽ	PRAVIDLÁ
VÝZVY	KRÁĽ
DIAGONÁLNY	OBETOVAŤ
HRA	STRATÉGIA
HRÁČ	ČAS
ČIERNY	TURNAJ

9 - Herboristerie

```
F C E S N A K T G H K D H L
E E T Y M I A N L P U S Z E
W S N Z E L E N Á E C M L V
J G T I C H U Ť Z T H H M A
O E A R K M A J O R Á N Š N
K V E T A E M E U Ž R P A D
V J R C M G L A Z L S R F U
A W O K T M Ó P O E K O R Ľ
L U Z D Y V Ä N P N Y S A A
I C M D S E F T N W O P N O
T B A Z A L K A A R N E R B
A A R O M A T I C K Ý Š W U
G F Í Z L O Ž K A R H N N S
T P N D Z Á H R A D A Ý K Y
```

CESNAK
AROMATICKÝ
BAZALKA
PROSPEŠNÝ
KUCHÁRSKY
ESTRAGÓN
FENIKEL
KVET
ZLOŽKA
ZÁHRADA

LEVANDUĽA
MAJORÁN
MÄTA
PETRŽLEN
KVALITA
ROZMARÍN
ŠAFRAN
CHUŤ
TYMIAN
ZELENÁ

10 - Véhicules

```
F  A  Y  L  I  E  T  A  D  L  O  R  K  P
R  A  K  E  T  O  P  L  Á  N  O  H  A  N
A  M  B  U  L  A  N  C  I  E  Y  Ď  F  E
U  C  B  O  J  S  X  R  A  K  E  T  A  U
T  R  A  K  T  O  R  I  D  C  X  M  L  M
O  F  S  B  I  C  Y  K  E  L  I  P  A  A
N  Á  K  L  A  D  N  É  A  U  T  O  U  T
M  C  Ú  A  W  L  G  L  A  V  R  N  T  I
M  O  T  O  R  T  B  V  Z  M  A  O  O  K
X  M  E  Y  F  A  M  R  A  N  J  R  B  Y
O  E  R  O  D  M  V  Z  V  Y  E  K  U  T
G  T  F  H  I  C  G  Á  B  F  K  A  S  B
V  R  T  U  Ľ  N  Í  K  N  X  T  P  M  W
G  O  L  G  X  A  B  E  E  A  R  A  F  T
```

AMBULANCIE	MOTOR
LIETADLO	RAKETOPLÁN
LOĎ	PNEUMATIKY
AUTOBUS	RAFT
NÁKLADNÉ AUTO	SKÚTER
KARAVÁNA	PONORKA
TRAJEKT	TAXI
RAKETA	TRAKTOR
VRTUĽNÍK	BICYKEL
METRO	AUTO

11 - Camping

```
Z K V K N K A N O E C A H S
H A V R J A L K C C D M O T
M B R X C P P O V A H A J R
Y Í Y I X H G M B C U P D O
Z N D D A T R P B Ú S A A M
L A N O Y D R A O L K J C Y
G L N A F M E S I A C A I P
C D S X R S S N V H G Z A D
Z V I E R A T Á I S L E S E
O H E Ň X F A N V E J R I P
A Z V H V G N X N C L O E C
O L R N I I E U B T V S Ť L
D O B R O D R U Ž S T V O O
U T J I P A M A P V U W S V
```

ZVIERATÁ	ZARIADENIE
STROMY	OHEŇ
DOBRODRUŽSTVO	LES
KOMPAS	HOJDACIA SIEŤ
KABÍNA	HMYZ
KANOE	JAZERO
MAPA	MESIAC
KLOBÚK	VRCH
LOV	POVAHA
LANO	STAN

12 - Conservation

```
R  Z  N  Í  Ž  I  Ť  Z  M  E  N  Y  Z  E
O  E  D  O  S  C  K  B  B  K  K  B  N  K
J  R  C  R  G  B  X  X  V  O  D  A  E  O
K  Z  G  Y  A  Z  T  W  K  S  U  W  Č  L
C  E  T  A  K  V  U  I  L  Y  D  T  I  O
Y  L  H  S  N  L  I  R  Í  S  R  D  S  G
K  E  P  F  S  I  O  E  M  T  Ž  X  T  I
L  N  E  Y  L  V  C  V  A  É  A  E  E  C
U  Á  S  L  T  U  Y  K  A  M  T  K  N  K
S  W  T  B  K  H  R  P  Ý  Ť  E  A  I  Ý
P  R  I  R  O  D  Z  E  N  Ý  Ľ  I  E  V
R  S  C  H  A  B  I  T  A  T  N  Z  U  X
V  L  Í  C  H  T  R  F  F  Z  Ý  I  H  P
C  X  D  D  O  B  R  O  V  O  Ľ  N  Í  K
```

DOBROVOĽNÍK   PRIRODZENÝ
ZMENY   ORGANICKÝ
KLÍMA   PESTICÍD
CYKLUS   ZNEČISTENIE
UDRŽATEĽNÝ   RECYKLOVAŤ
VODA   ZNÍŽIŤ
EKOLOGICKÝ   ZDRAVIE
EKOSYSTÉM   ZELENÁ
HABITAT

13 - Écologie

```
D R U H M Z K L Í M A R B R
O S G I V D P F A U N A N A
B Z U P R R O R L H L F L S
R H D G M O V J E Ó I H T T
O S R L R J A K U Ž R M H L
V L Ž O Y E H M O Č I A R I
O H A B I T A T M F Z T M N
Ľ O T Á R U G B N O H J I Y
N R E L S E U U W D R X L E
Í Y Ľ N U A O W M O C S J D
C C N Y C S W L A V A E K C
I J Ý B H K O M U N I T Y Ý
P R I R O D Z E N Ý O P V W
R Ô Z N O R O D O S Ť F V V
```

DOBROVOĽNÍCI
KLÍMA
KOMUNITY
RÔZNORODOSŤ
UDRŽATEĽNÝ
DRUH
FAUNA
FLÓRA
GLOBÁLNY
HABITAT

MOČIAR
MORSKÝ
HORY
POVAHA
PRIRODZENÝ
RASTLINY
ZDROJE
SUCHO
PREŽITIE

14 - Astronomie

```
G  R  S  Z  A  T  M  E  N  I  E  W  Z  Z
V  A  O  Ú  A  S  T  E  R  O  I  D  E  X
D  K  L  V  H  M  F  V  K  H  J  V  M  K
T  E  P  A  N  V  W  I  G  M  T  E  E  R
K  T  L  Ž  X  O  E  W  K  L  A  S  S  A
O  A  A  I  Y  I  D  Z  O  O  M  M  I  S
Z  W  N  A  S  O  A  E  D  V  E  Í  A  T
M  F  É  R  C  Z  D  G  N  I  T  R  C  R
O  B  T  E  D  Y  J  S  R  N  E  B  A  O
S  W  A  N  R  X  G  Z  K  A  O  F  N  N
I  L  C  I  R  N  D  A  E  E  R  S  V  Ó
S  U  P  E  R  N  O  V  A  V  F  Z  Ť  M
O  B  S  E  R  V  A  T  Ó  R  I  U  M  C
J  F  S  O  L  Á  R  N  Y  U  K  F  M  M
```

ASTEROID	METEOR
ASTRONÓM	HMLOVINA
NEBA	OBSERVATÓRIUM
SÚHVEZDIE	PLANÉTA
KOZMOS	ŽIARENIE
ZATMENIE	SOLÁRNY
ROVNODENNOSŤ	SUPERNOVA
RAKETA	ZEM
GALAXIA	VESMÍR
MESIAC	

15 - Types de Cheveux

```
N  Y  I  V  S  Z  K  O  S  T  X  X  K  L
Š  E  D  Á  U  D  R  B  I  E  L  Y  U  E
M  R  R  J  C  R  Á  Y  X  N  D  U  Č  S
H  S  P  B  H  A  T  M  Ä  K  K  Ý  E  K
H  N  L  V  Ý  V  K  D  Y  Ý  U  W  R  L
R  L  E  Z  L  Ý  Y  F  N  U  Č  U  Y  Ý
U  E  Š  D  N  N  V  F  A  R  E  B  N  É
B  C  A  Č  Ý  M  I  J  R  R  R  P  A  M
Ý  S  T  I  Y  A  Z  T  Z  N  A  L  R  I
A  I  Ý  E  Y  R  L  C  Ý  G  V  E  N  V
S  S  T  R  I  E  B  R  O  H  Ý  T  F  K
B  L  O  N  D  L  H  Ý  B  R  A  E  Z  F
H  F  O  Y  I  K  B  R  Y  W  N  N  A  F
M  A  A  F  H  U  E  G  H  O  B  É  K  E
```

STRIEBRO	KUČERAVÝ
BIELY	ŠEDÁ
BLOND	DLHÝ
KUČERY	HNEDÝ
LESKLÝ	TENKÝ
PLEŠATÝ	ČIERNY
FAREBNÉ	VLNITÝ
KRÁTKY	ZDRAVÝ
MÄKKÝ	SUCHÝ
HRUBÝ	PLETENÉ

16 - Restaurant #1

```
D C P C C N J M I S K A R I
S F I K H N X Ä F K U J E N
T T P C U L E S Y J R A Z G
D M R U D C I O J E A V E R
D W F U I P H E N D Z W R E
J Z A Z H O U Y B L T I V D
G B L K O K X M Ň O T E Á I
O R E U Y L A W M A X Z C E
B P R I Y A O M Á Č K A I N
R O G I E D M E N U K J A C
Ú P I K A N T N É Ô S O T I
S Č A Š N Í Č K A H Ž V J E
O K Á V A K T A N I E R B D
K X D E Z E R T D R U V V F
```

ALERGIA	MENU
TANIER	JEDLO
MISKA	CHLIEB
KÁVA	KURA
POKLADNÍK	REZERVÁCIA
NÔŽ	OMÁČKA
KUCHYŇA	ČAŠNÍČKA
DEZERT	OBRÚSOK
PIKANTNÉ	MÄSO
INGREDIENCIE	

17 - Mammifères

```
Y  C  N  Ž  K  Ô  Ň  Z  S  L  V  C  C  X
M  S  Z  Y  I  L  F  A  L  B  E  T  X  B
U  Z  D  K  V  R  T  B  O  H  W  V  O  I
K  L  O  K  A  N  A  G  N  P  P  W  R  P
L  Í  Š  K  A  J  Z  F  R  E  I  N  N  K
G  A  L  T  I  G  E  R  A  S  Y  C  G  R
R  B  C  V  M  E  D  V  E  Ď  Z  A  A  Á
N  R  P  E  O  V  C  E  N  U  U  R  T  L
E  I  J  Ľ  G  O  R  I  L  A  C  J  M  I
M  A  B  R  O  Y  Y  F  S  F  C  F  R  K
R  V  Z  Y  S  I  K  P  D  W  Y  I  G  B
Y  C  M  B  Ý  K  O  J  O  T  O  I  E  V
A  Y  K  A  Z  E  B  R  A  P  C  U  T  L
M  A  Č  K  A  X  K  D  E  L  F  Í  N  K
```

VEĽRYBA	KRÁLIK
MAČKA	LEV
KÔŇ	VLK
PES	OVCE
KOJOT	MEDVEĎ
DELFÍN	LÍŠKA
SLON	OPICA
ŽIRAFA	BÝK
GORILA	TIGER
KLOKAN	ZEBRA

18 - Sports

```
G Y Z I Y R E P D G W S M J
T Y G O L F W W V Y M U A D
C R M S W V C M O M O E J D
B O É N E S D Y J N I H S H
T A N N A P N H C Á X Š T R
F Š S V E S R I I Z F T R A
N P L K B R T E N I S A O X
L O Y G E N L I X U L D V S
H R Á Č C T E Y K M T I S J
L T P O H Y B P K A Í Ó T W
H O K E J X U A Z T M N V T
C V Í Ť A Z C H L V V D O N
B E J Z B A L B I C Y K E L
K C R O Z H O D C A G N U B
```

ROZHODCA	GYMNÁZIUM
ŠPORTOVEC	GYMNASTIKA
BEJZBAL	HOKEJ
BASKETBAL	HRA
MAJSTROVSTVO	HRÁČ
TRÉNER	POHYB
TÍM	ŠTADIÓN
VÍŤAZ	TENIS
GOLF	BICYKEL

19 - Chocolat

```
G A S K D P P Z E O W R V Z
R Z P F J I I R B Y P E T P
C A R Ó M A G Z G I C M J V
M U Y A S L A D K Ý E E P D
Y C K V A L I T A G X S R E
K K A R A M E L K Z O E Á H
A N T I O X I D A N T L Š O
L R A C Z V C Y O X I N O R
Ó E R U L G Í F N V C É K K
R C A K O C H U Ť F K L E Ý
I E Š O Ž M P V P J Ý J D T
E P I R K K O K O S O V Ý A
V T D L A H O D N Ý U E V S
I L Y U O B Ľ Ú B E N Ý P B
```

HORKÝ
ANTIOXIDANT
ARÓMA
REMESELNÉ
CUKROVÍ
ARAŠIDY
KAKAO
KALÓRIE
KARAMEL
LAHODNÝ

SLADKÝ
EXOTICKÝ
OBĽÚBENÝ
CHUŤ
ZLOŽKA
KOKOSOVÝ
PRÁŠOK
KVALITA
RECEPT
CUKOR

20 - Mathématiques

```
K C P R I E M E R H N R S M
D E S A T I N N É I X O F G
K L J J R O V N I C E V É E
C O K D L A N U A E J N R O
U H L Y E D L A Y N X O A M
F F N M M X L E K V T B I E
O H N A Ý A P E L L R E E T
P O L O M E R O M N F Ž Z R
T B I Y C U G W N A Ý N L I
Y V I H V T S Ú Č E T Í O A
D O B D Ĺ Ž N I K K N K M L
W D S Y M E T R I A H T O I
V M N O H O U H O L N Í K K
A R I T M E T I K A N K H U
```

UHLY   PARALELNÝ
ARITMETIKA   ROVNOBEŽNÍK
OBVOD   KOLMÝ
DESATINNÉ   MNOHOUHOLNÍK
PRIEMER   POLOMER
EXPONENT   OBDĹŽNIK
ROVNICE   SÚČET
ZLOMOK   SFÉRA
GEOMETRIA   SYMETRIA

21 - Mythologie

```
B V H P R Í Š E R A Y F A H
J J B R H P A H B R B B R R
E A O E O U P S L A T Z C D
S S J S S M R T E Ľ N Ý H I
S K O V Ž K U V S E W T E N
P A V E V I U B K K L V T A
R T N D Z R A L O Z N O Y H
Á A Í Č U M Z R T V O R P R
V S K E V W C E L Ú J B H D
A T F N U D W L H I R A V I
N R S I L A P Z P L V A C N
I O L E G E N D A U E O V K
E F L A B Y R I N T J I S A
Z A N E S M R T E Ľ N O S Ť
```

ARCHETYP	HRDINKA
KATASTROFA	HRDINA
SPRÁVANIE	NESMRTEĽNOSŤ
TVORBA	ŽIARLIVOSŤ
TVOR	LABYRINT
PRESVEDČENIE	LEGENDA
KULTÚRA	PRÍŠERA
BLESK	SMRTEĽNÝ
SILA	HROM
BOJOVNÍK	

22 - Restaurant #2

```
R  V  A  J  C  I  A  Č  L  J  T  H  I  Ľ
E  I  T  L  Y  B  Z  R  A  R  Z  V  G  A
Z  D  N  O  Y  N  P  B  O  Š  S  O  Ľ  D
A  L  M  I  R  F  N  Y  J  P  N  G  R  E
N  I  S  G  O  T  W  A  R  T  M  Í  H  W
C  C  T  F  Z  S  A  B  I  H  D  S  K  G
E  A  O  B  E  D  V  K  R  V  B  H  G  L
L  R  L  Y  L  A  H  O  D  N  Ý  A  W  Y
O  L  I  S  E  K  S  R  D  H  M  T  L  Ž
V  M  Č  Z  N  M  Y  E  Š  A  L  Á  T  I
O  V  K  M  I  A  P  N  N  Á  P  O  J  C
C  D  A  W  N  H  I  I  E  P  L  X  X  A
I  P  D  B  A  I  V  E  Č  E  R  A  H  H
E  J  W  C  R  Y  B  Y  J  Y  J  D  C  R
```

NÁPOJ	TORTA
STOLIČKA	ĽAD
LYŽICA	ZELENINA
OBED	REZANCE
LAHODNÝ	VAJCIA
VEČERA	RYBY
VODA	ŠALÁT
KORENIE	SOĽ
VIDLICA	ČAŠNÍK
OVOCIE	

23 - Couleurs

```
P F K G S F V E U P O F H K
J U H B I E L Y Č U R I Y T
S C I H V C A S I R A A R E
É H Č N Ý I T D E P N L K L
P S D E D U O O R U Ž O V Á
I I Y G R I J Y N R O V Y V
A E P O C V G U Y O V Á T T
Z H V V W F E O F V Ý V E L
J E H N E D Ý N X Á S K I E
Y I L C O J S Z Á O P I O W
J A A E B É Ž O V Á F A F U
R F S K N B L M O D R Á G S
F Z Z W Z Á T A Z Ú R O V Á
A Y L D O I Á H H R X Y P W
```

BÉŽOVÁ	HNEDÝ
BIELY	ČIERNY
MODRÁ	ORANŽOVÝ
AZÚROVÁ	RUŽOVÁ
FUCHSIE	ČERVENÁ
SIVÝ	SÉPIA
INDIGO	ZELENÁ
ŽLTÁ	FIALOVÁ
PURPUROVÁ	

24 - Avions

```
V R T U L E H U B V H L M D
V Z D U C H J R X C T W G O
A O R L A T M O S F É R A B
P A L I V O I M V O D Í K R
P V C D C O Z O S T U P P O
R Ý D F E E W T P O N I K D
I Š M V S T F O O L L L H R
S K F N T M N R S O L O I U
T A T U U Y E A Á E H T S Ž
Á K B R J S B R D D R E T S
T F C B Ú T A J K U T T Ó T
I S U S C Z G W A S C X R V
E E M P I B A L Ó N B N I O
X B X N A F Ú K N U Ť C A K
```

VZDUCH	POSÁDKA
ATMOSFÉRA	NAFÚKNUŤ
PRISTÁTIE	VÝŠKA
DOBRODRUŽSTVO	VRTULE
BALÓN	HISTÓRIA
PALIVO	VODÍK
NEBA	MOTOR
ZOSTUP	CESTUJÚCI
SMER	PILOT

25 - Aventure

```
W E M P N E B E Z P E Č N Ý
Y P B O R N A D Š E N I E C
J B O V K E X K U R Z I A P
P Z G A S R K Y N Z C X G D
I R M H V R Á V Z T B X G B
D O Í A I U N S A N O C A R
M O U L Š A N C A P Č L J F
I T I N E R Á R Y C I E Ľ V
O B T I A Ž N O S Ť N V M R
H N P X K W I X H K N B Ý A
C E S T U J E T O N O V Ý D
P R Í P R A V A O G S G Z O
N E O B V Y K L Ý S Ť Y B S
S T A T O Č N O S Ť Ť V G Ť
```

ČINNOSŤ
KRÁSA
STATOČNOSŤ
ŠANCA
NEBEZPEČNÝ
CIEĽ
OBTIAŽNOSŤ
NADŠENIE
EXKURZIA

NEOBVYKLÝ
ITINERÁR
RADOSŤ
POVAHA
NOVÝ
PRÍLEŽITOSŤ
PRÍPRAVA
PREKVAPIVÝ
CESTUJE

26 - Ville

```
G P B S V K B Z O O K G P H
I B P U V J L A C E I A U I
Y M B P D L E I N I N L F D
M Ú Z E U M K S N K O É K I
P Š F R Z Y Á M T I A R L V
E H T M M F R W R I K I E A
K W F A G T E M H N U A T D
Á O A R D P Ň J X B N U I L
R X D K N I Ž N I C A Š S O
E H P E N E Ó K N S L K K U
Ň V O T U X N N D F T O O M
H O T E L X O O W Y X L R H
R E Š T A U R Á C I A A B R
U N I V E R Z I T A E M V D
```

LETISKO	TRH
BANKA	MÚZEUM
KNIŽNICA	LEKÁREŇ
PEKÁREŇ	REŠTAURÁCIA
KINO	ŠTADIÓN
KLINIKA	SUPERMARKET
ŠKOLA	DIVADLO
GALÉRIA	UNIVERZITA
HOTEL	ZOO

27 - Cuisine

```
M R A Z N I Č K A M F E P N
R G E M T T Z O B R Ú S O K
Ú R T C E N X R X M K V H Z
R I W W E E E E M I A A Á P
A L E N U P O N H S N H R A
V J F M U P T I X K V U X L
T M L Y Ž I C E P A I B E I
J V I D L I Č K Y D C K H Č
N E N P A O T X V Z A A S K
F O D X C X A W I J J A R Y
T W Ž L V F Z Á S T E R A H
F E T E O D Ž B Á N U W I S
T H U T C H L A D N I Č K A
N A B E R A Č K A B K O F W
```

PALIČKY	VIDLIČKY
MISKA	GRIL
KANVICA	NABERAČKA
MRAZNIČKA	JEDLO
NOŽE	JAR
DŽBÁN	RECEPT
LYŽICE	CHLADNIČKA
KORENIE	OBRÚSOK
HUBKA	ZÁSTERA
RÚRA	POHÁR

28 - Corps Humain

```
B  S  E  P  O  G  U  G  E  N  C  D  G  T
P  S  A  U  J  V  B  U  Y  I  H  D  B  C
J  G  K  R  U  T  M  K  F  G  K  M  M  M
W  P  R  S  T  G  N  Z  F  N  T  X  S  O
H  X  K  V  S  Č  L  E  N  O  K  O  Ž  A
N  L  P  E  R  Y  A  B  J  V  E  H  K  A
P  P  A  N  P  K  K  D  R  Z  P  V  O  P
L  E  T  V  Á  R  E  E  Č  A  Y  B  L  A
V  F  C  P  A  V  Ť  U  E  R  D  H  E  S
R  Ž  A  L  Ú  D  O  K  Ľ  A  Y  A  N  Z
U  U  L  K  P  S  E  R  U  M  O  Z  O  G
K  S  R  D  C  E  T  M  S  E  Z  C  G  X
A  W  X  B  R  W  Y  A  Ť  N  O  S  T  S
C  U  C  H  O  G  G  L  I  O  U  L  W  O
```

ÚSTA	PERY
MOZOG	RUKA
ČLENOK	ČEĽUSŤ
KRK	BRADA
LAKEŤ	NOS
SRDCE	UCHO
PRST	KOŽA
ŽALÚDOK	KRV
RAMENO	HLAVA
KOLENO	TVÁR

29 - Épices

```
Z U L Z O Y E K C M X H C K
E Á H S A S Y A K H I H I U
C Y Z X Y H O R K Ý U M B R
A E A V L L Y D V J R Ť U K
N F S K O R I A N D E R Ľ U
Í E L N Š R O M O Z M U A M
Z N A D A T G O L Z P I F A
Y I D U F K E N I V A U V F
P K K W R L J T E W P F A C
N E Ý M A I H W K B R L N B
Y L S W N N F V A S I L I N
P V W Y N Č W C R O K S L A
J D D Y A E P H I Ľ A C K P
R A S C A K Š K O R I C A G
```

CESNAK   FENIKEL
HORKÝ   ZÁZVOR
ANÍZ   KLINČEK
ŠKORICA   CIBUĽA
KARDAMON   PAPRIKA
KORIANDER   ŠAFRAN
RASCA   CHUŤ
KURKUMA   SOĽ
KARI   VANILKA
SLADKÝ

30 - Science

```
R  L  Y  K  B  P  F  V  X  C  I  Ú  M  P
H  A  R  R  B  O  O  T  H  N  K  D  I  Y
Y  B  J  S  S  Z  S  V  C  S  L  A  N  K
P  O  H  E  P  O  Í  Ý  A  D  Í  J  E  P
O  R  F  X  Z  R  L  V  T  H  M  E  R  U
T  A  J  P  L  O  N  O  Ó  D  A  E  Á  W
É  T  L  E  Č  V  E  J  M  G  B  G  L  M
Z  Ó  O  R  G  A  N  I  Z  M  U  S  Y  O
A  R  K  I  D  N  S  F  A  K  T  D  V  L
O  I  U  M  B  I  U  T  Y  P  M  T  E  E
Z  U  P  E  V  E  F  T  I  Z  X  D  D  K
S  M  G  N  G  F  P  N  U  C  I  E  E  U
T  G  B  T  M  E  T  Ó  D  A  E  K  C  L
A  T  M  K  C  H  E  M  I  C  K  Ý  A  Y
```

ATÓM	METÓDA
CHEMICKÝ	MINERÁLY
KLÍMA	MOLEKULY
ÚDAJE	POVAHA
EXPERIMENT	POZOROVANIE
VÝVOJ	ORGANIZMUS
FAKT	ČASTICE
FOSÍLNE	FYZIKA
HYPOTÉZA	VEDEC
LABORATÓRIUM	

31 - Chats

```
O G D L K F B E T X B S D C
S R L V O Z C L Z P E B I H
O J Z H Ž V N R Á A H X V V
B P E L U E E Ý O Z C P O O
N S P R Š D Z C C Ú N R K S
O S N N I A Á H P R Y I Ý T
S S D R N V V L L H R A V Ý
Ť I B O A Ý I Y A P A D U Ý
P O T S H V S H C V I Z O L
F T G Z R U L D H R H A M A
H E R Y W Y Ý T Ý M Y Š M B
S M I E Š N Y U S P Á N O K
O B A B Y G P H R T H L Z A
F S X E O E N W M F U V O O
```

LOVEC	NEZÁVISLÝ
ZVEDAVÝ	LABKA
SPÁNOK	OSOBNOSŤ
SMIEŠNY	MÁLO
HRAVÝ	CHVOST
PRIADZA	RÝCHLY
BLÁZNIVÝ	DIVOKÝ
KOŽUŠINA	MYŠ
PAZÚR	PLACHÝ

32 - Vêtements

```
Z  T  M  G  W  M  P  M  H  Y  J  T  A  G
S  Á  O  F  P  Y  Ó  T  Z  E  R  P  O  K
U  J  S  P  Á  S  V  D  S  I  P  Š  Á  L
K  K  V  T  Á  X  O  Š  A  T  Y  B  H  O
Ň  O  E  Z  E  N  E  I  N  A  Ž  U  B  B
A  Š  T  J  T  R  K  E  D  C  A  N  L  Ú
N  E  E  R  G  K  A  A  Á  U  M  D  Ú  K
P  Ľ  R  P  L  Á  Š  Ť  L  S  Á  A  Z  D
N  A  K  N  Á  H  R  D  E  L  N  Í  K  A
S  E  N  O  H  A  V  I  C  E  L  P  A  V
R  U  K  A  V  I  C  E  X  M  X  I  G  H
D  Ž  Í  N  S  Y  F  I  E  V  W  P  U  O
B  T  H  U  C  N  Á  R  A  M  O  K  O  J
N  Y  W  X  N  Y  F  B  X  L  M  G  L  L
```

NÁRAMOK	SUKŇA
PÁS	PLÁŠŤ
KLOBÚK	MÓDA
TOPÁNKA	NOHAVICE
KOŠEĽA	SVETER
BLÚZKA	PYŽAMÁ
NÁHRDELNÍK	ŠATY
ŠÁL	SANDÁLE
RUKAVICE	ZÁSTERA
DŽÍNSY	BUNDA

33 - Arts Visuels

```
P Z V F Z U H L I E J M A P
O T F O L L B L R S J A R E
R V S T O J A N I B Z Ľ C R
T O E O Ž L A K Y N H O H S
R S K G E S O C H A A V I P
É K W R N T J H M L A A T E
T E O A I V H K U U R N E K
G R Y F E O P P A I E I K T
H A A I K R I E D A D E T Í
X M X A U I U M E L E C Ú V
J I Y L U V V F Y W E A R A
N K V G K O R C K M N V A E
T A V Y M S P E R W F I L M
P E R O U Ť C E R U Z K A M
```

ARCHITEKTÚRA   TVORIVOSŤ
HLINA   FILM
UMELEC   MAĽOVANIE
KERAMIKA   PERSPEKTÍVA
UHLIE   FOTOGRAFIA
STOJAN   PORTRÉT
VOSK   SOCHA
ZLOŽENIE   PERO
KRIEDA   LAK
CERUZKA

34 - Méditation

```
A  L  N  P  A  F  M  H  Z  W  W  O  S  Z
P  Á  Á  R  Z  N  Y  E  U  M  F  U  D  K
O  S  V  E  C  P  S  N  N  D  F  D  Ý  Z
K  K  Y  B  K  O  E  S  C  T  B  O  C  U
O  A  K  U  S  Z  Ľ  V  T  X  Á  A  H  P
J  V  Y  D  L  O  W  N  C  S  R  L  A  O
N  O  X  I  O  R  L  Y  N  F  V  B  N  H
Ý  S  H  Ť  X  N  T  G  P  I  R  X  I  Y
E  Ť  P  O  Z  O  R  O  V  A  N  I  E  B
N  M  B  J  A  S  N  O  S  Ť  I  U  M  G
U  I  Ó  X  J  Ť  P  R  I  J  A  T  I  E
A  E  H  C  E  P  Z  I  D  D  T  E  A  V
P  R  Z  F  I  Y  Y  P  O  V  A  H  A  J
S  Ú  C  I  T  E  V  Ď  A  Č  N  O  S  Ť
```

PRIJATIE	VĎAČNOSŤ
POZORNOSŤ	NÁVYKY
POKOJNÝ	MENTÁLNY
JASNOSŤ	POHYB
SÚCIT	HUDBA
MYSEĽ	POVAHA
EMÓCIE	POZOROVANIE
PREBUDIŤ	MIER
LÁSKAVOSŤ	DÝCHANIE

35 - Littérature

```
Z  A  A  O  P  O  E  T  I  C  K  Ý  X  S
Á  N  N  C  W  O  M  E  T  A  F  O  R  A
V  A  A  P  A  S  P  U  C  S  S  I  Z  N
E  L  L  F  N  M  N  I  B  Á  S  E  Ň  E
R  Ó  Ý  D  K  V  C  R  S  J  F  Y  M  K
O  G  Z  Ž  I  V  O  T  O  P  I  S  Y  D
Z  I  A  S  X  A  X  N  N  F  B  T  G  O
P  A  N  G  F  M  L  M  K  E  E  R  M  T
R  Y  T  M  U  S  H  Ó  X  X  L  A  R  A
Á  Y  A  V  O  V  T  H  G  I  E  G  O  A
V  G  P  D  S  M  Š  X  D  D  T  É  M  U
A  E  K  J  T  R  T  É  M  A  R  D  Á  T
Č  O  P  S  V  W  Ý  E  I  J  I  I  N  O
W  L  E  H  G  X  L  M  I  F  A  A  X  R
```

ANALÓGIA	ROZPRÁVAČ
ANALÝZA	BÁSEŇ
ANEKDOTA	POETICKÝ
AUTOR	RÝM
ŽIVOTOPIS	ROMÁN
ZÁVER	RYTMUS
POPIS	ŠTÝL
DIALÓG	TÉMA
BELETRIA	TRAGÉDIA
METAFORA	

36 - Nourriture #1

```
A Y M T S E F I B U R U L Š
N P V I O F X C B D W T T Ť
V U Š A Ľ V M L I E K O C A
Š W A C T U Š J G C M D J V
P O L I E V K A X R U A A A
E I Á B K V O Č M W Z K H U
N W T U V B R M U R A H O H
Á U K Ľ A T I E Y B K K D R
T C G A K A C Ň N J J V A U
T C I B A Z A L K A A N A Š
U F W T Y T U N I A K K U K
M Ä S O R C E S N A K Á Y A
Z H C G G Ó V N E T F V F L
Z J R C X K N Z A A F A Y Y
```

CESNAK	KVAKA
BAZALKA	CIBUĽA
KÁVA	JAČMEŇ
ŠKORICA	HRUŠKA
MRKVA	ŠALÁT
CITRÓN	SOĽ
ŠPENÁT	POLIEVKA
JAHODA	CUKOR
ŠŤAVA	TUNIAK
MLIEKO	MÄSO

37 - Jours et Mois

```
M A R E C W C J T K J I A N
N O Z G V P T Ú E E A U P T
T Ý Ž D E Ň O N B U N T R O
P I A T O K P N P A U O Í S
L M P T Z A B N D M Á R L E
Š T V R T O K O B E R O H P
S O B O T A A V S S L K Z T
F O H G N U L E N I P O V E
S E K S H W E M E A O H K M
S U B T C T N B D C A Y D B
S E N R B E D E E S D P Z E
T J C E U N Á R Ľ U G A Y R
P Ú L D U Á R T A U G U S T
T L K A O Z R O K T Ó B E R
```

AUGUST	UTOROK
APRÍL	MAREC
KALENDÁR	STREDA
NEDEĽA	MESIAC
FEBRUÁR	NOVEMBER
JANUÁR	OKTÓBER
ŠTVRTOK	SOBOTA
JÚL	TÝŽDEŇ
JÚN	SEPTEMBER
PONDELOK	PIATOK

38 - Championnat

```
P  O  P  S  T  S  U  D  C  A  Z  L  K  D
G  Z  L  L  Í  H  T  U  R  N  A  J  F  Ý
S  H  L  N  M  M  C  R  D  R  H  P  L  C
J  J  H  Z  X  Z  O  H  A  I  R  J  P  H
L  H  Y  J  S  M  H  T  L  T  Y  U  T  A
V  I  I  P  A  P  F  R  I  C  É  S  R  Ť
Í  Z  G  Z  Š  S  I  É  E  V  C  G  I  U
Ť  F  P  A  P  C  N  N  T  Ý  Á  W  I  T
A  C  M  P  O  T  A  E  Z  K  V  C  O  A
Z  W  R  R  R  C  L  R  K  O  A  N  I  W
S  G  P  S  T  T  I  C  K  N  B  B  I  A
T  X  G  B  O  J  S  M  E  D  A  I  L  A
V  H  D  X  V  Y  T  R  V  A  L  O  S  Ť
O  F  U  E  É  M  A  J  S  T  E  R  T  R
```

MAJSTER

VYTRVALOSŤ

TRÉNER

TÍM

FINALISTA

HRY

SUDCA

LIGA

MEDAILA

MOTIVÁCIA

VÝKON

DÝCHAŤ

ŠPORTOVÉ

STRATÉGIA

TURNAJ

POT

VÍŤAZSTVO

39 - Pirates

```
Z  G  D  D  W  H  V  M  L  V  G  V  O  P
W  L  E  G  E  N  D  A  I  Z  L  Ý  C  O
G  P  A  P  A  G  Á  J  J  N  N  O  E  S
K  U  P  T  D  M  P  I  A  F  C  H  Á  Á
O  R  M  J  O  E  O  U  S  J  Z  E  N  D
V  C  X  W  L  Č  K  I  K  K  H  W  P  K
L  X  X  B  R  K  L  K  Y  C  B  M  M  A
A  K  O  T  V  A  A  Y  Ň  Z  A  B  A  X
J  F  L  J  L  P  D  B  A  U  J  O  P  L
K  C  S  G  J  I  K  O  M  P  A  S  A  D
A  O  W  V  B  T  F  G  L  L  Z  T  E  T
R  U  L  C  C  Á  V  D  I  Á  V  R  U  M
P  N  T  O  B  N  N  Y  V  Ž  A  O  B  B
D  O  B  R  O  D  R  U  Ž  S  T  V  O  F
```

KOTVA	OSTROV
DOBRODRUŽSTVO	LEGENDA
KOMPAS	ZLÝ
KAPITÁN	OCEÁN
MAPA	ZLATO
JAZVA	PAPAGÁJ
VLAJKA	MINCE
MEČ	PLÁŽ
POSÁDKA	RUM
JASKYŇA	POKLAD

40 - Activités

```
N D Z H T U R I S T I K A R
Z Á H R A D N Í C T V O P E
Č K N Y L P C V S F Č B O M
F Í E R O X A O F Y I R T E
K K T M V V S Ľ Z R N A E S
U W U A P V B N W Z N Z Š L
S D T M N N Z Ý R Á O S E Á
Š I T I E I Z Č Y U S Y N R
K R A E K N E A B J Ť D I N
G X N Y W V I S O M V I E W
X T E F H B B E L Y N O O S
N S C Z R U Č N O S Ť D H J
K E R A M I K A V S E M F Y
R F W T A H K Ú Z L O L J T
```

ČINNOSŤ	ZÁHRADNÍCTVO
UMENIE	HRY
REMESLÁ	ČÍTANIE
KEMP	VOĽNÝ ČAS
KERAMIKA	KÚZLO
LOV	OBRAZ
ZRUČNOSŤ	RYBOLOV
ŠITIE	POTEŠENIE
TANEC	TURISTIKA
ZÁUJMY	

41 - Fleurs

```
F  J  Ď  S  O  R  G  O  V  Á  N  L  Y  O
L  B  A  A  E  B  E  J  O  N  P  Í  J  R
S  L  Y  Z  T  D  D  G  O  B  Ú  S  C  C
G  C  V  P  M  E  M  R  Y  J  P  T  I  H
Z  L  J  Z  U  Í  L  O  I  U  A  O  P  I
E  S  P  F  T  I  N  I  K  E  V  K  I  D
P  L  U  M  E  R  I  A  N  R  A  P  V  E
T  N  M  A  K  U  B  G  A  A  Á  O  O  A
U  E  Y  I  S  Ž  I  S  R  P  L  S  N  O
L  Č  M  I  G  A  Š  P  C  G  J  Y  K  Ľ
I  N  E  F  D  Y  T  Y  I  A  M  A  A  A
P  I  N  S  V  R  E  T  S  I  H  B  M  L
Á  C  B  V  Y  D  K  Y  T  I  C  A  P  I
N  A  L  E  V  A  N  D  U  Ľ  A  L  H  A
```

KYTICA	MAK
IBIŠTEK	LÍSTOK
JAZMÍN	PÚPAVA
NARCIS	PIVONKA
LEVANDUĽA	PLUMERIA
ORGOVÁN	RUŽA
ĽALIA	SLNEČNICA
SEDMOKRÁSKA	ĎATELINA
ORCHIDEA	TULIPÁN

42 - Nourriture #2

```
B  H  K  J  G  F  N  P  U  Y  S  B  F  D
S  U  Y  W  M  Z  E  L  E  R  S  R  H  M
B  B  K  V  M  A  Z  Y  J  Y  R  O  A  U
A  A  R  Z  G  B  N  V  U  B  O  K  M  S
K  Č  O  K  Ó  L  Á  D  A  Y  Y  O  J  L
L  X  Z  U  A  X  N  L  L  J  W  L  K  X
A  S  S  R  L  L  Z  F  K  E  E  I  Y  G
Ž  H  I  A  J  C  H  L  I  E  B  C  M  P
Á  B  P  A  R  A  D  A  J  K  A  A  A  Š
N  K  I  V  I  C  B  M  W  O  N  V  N  E
R  Y  Ž  A  Y  N  H  L  F  L  Á  T  G  N
Š  U  N  K  A  P  M  P  K  T  N  M  O  I
P  V  O  F  S  T  H  H  R  O  Z  N  O  C
K  M  C  G  X  G  Z  Č  E  R  E  Š  Ň  A
```

MANDLE	KIVI
BAKLAŽÁN	MANGO
BANÁN	VAJEC
PŠENICA	CHLIEB
BROKOLICA	RYBY
ČEREŠŇA	JABLKO
ZELER	KURA
HUBA	HROZNO
ČOKOLÁDA	RYŽA
ŠUNKA	PARADAJKA

43 - Océan

```
M  B  K  X  Ú  T  E  S  K  K  O  H  G  W
E  Ú  H  X  H  V  L  N  Y  O  V  T  C  L
D  R  U  T  O  T  G  G  P  R  Í  L  I  V
Ú  K  B  X  R  U  B  M  T  Y  R  H  K  C
Z  A  K  T  N  N  D  W  D  T  W  X  R  H
A  C  A  B  B  I  E  P  N  N  L  I  E  O
V  Z  K  O  R  A  L  O  V  A  O  L  V  B
Z  E  F  R  H  K  F  F  C  Č  Ď  P  E  O
K  S  Ľ  C  A  B  Í  E  F  K  K  C  T  T
Z  F  H  R  A  B  N  D  G  A  D  F  Y  N
K  R  Z  W  Y  Ž  R  A  L  O  K  C  R  I
N  S  T  L  U  B  C  E  N  X  L  S  X  C
N  T  P  Y  A  Y  A  O  D  W  G  Z  O  A
U  S  T  R  I  C  E  H  H  R  Y  B  Y  Ľ
```

ÚHOR	MEDÚZA
VEĽRYBA	RYBY
LOĎ	CHOBOTNICA
KORALOV	ŽRALOK
KRAB	ÚTES
KREVETY	SOĽ
DELFÍN	BÚRKA
HUBKA	TUNIAK
USTRICE	KORYTNAČKA
PRÍLIV	VLNY

44 - Remplir

```
L H U Y N C M Y S G L K H S
H Z E L Á L Z V T W H Y Ô X
T A M M D A L W P J G D F Š
A I S M O O A M E E O U X
D S J Y B R Ž V E D R O O W
N V K W A V K K A R T Ó N J
T R U B I C A Z Á S U V K A
A E F O F P F Ň Z P U S M R
Š C O X I O Ľ S A V S D V B
K K R D A D A O B Á L K A U
A O R K P N Š S C Z O Z T P
F H T C O O A B T A W Z G H
F C P J O S F A S N V C I Y
X J V M P R E P R A V K A K
```

VAŇA	PODNOS
SUD	VRECKO
BOX	JAR
FĽAŠA	TAŠKA
PREPRAVKA	VEDRO
KARTÓN	ZÁSUVKA
ZLOŽKA	TRUBICA
OBÁLKA	KUFOR
NÁDOBA	VÁZA
KÔŠ	

45 - Ballet

```
P  V  I  P  Ô  V  A  B  N  Ý  K  C  T  Z
O  O  N  I  J  S  G  E  S  T  O  H  A  R
R  Y  T  M  U  S  Ó  L  O  Š  B  O  N  U
C  F  E  L  J  U  G  H  S  T  A  R  E  Č
H  B  N  U  E  N  J  X  O  Ý  L  E  Č  N
E  P  Z  M  X  S  H  O  L  L  E  O  N  O
S  U  I  E  P  K  K  U  F  Y  R  G  Í  S
T  B  T  L  R  L  E  X  D  D  Í  R  C  Ť
E  L  A  E  E  A  S  J  L  B  N  A  I  D
R  I  D  C  S  D  V  K  D  W  A  F  C  G
E  K  E  K  Í  A  A  I  Ú  F  N  I  B  V
X  U  K  Ý  V  T  L  M  V  Š  R  A  P  X
C  M  S  S  N  E  Y  D  N  G  K  K  G  V
N  H  L  K  Y  Ľ  A  L  S  O  U  A  L  U
```

POTLESK
UMELECKÝ
BALERÍNA
CHOREOGRAFIA
ZRUČNOSŤ
SKLADATEĽ
TANEČNÍCI
EXPRESÍVNY
GESTO
PÔVABNÝ

INTENZITA
SVALY
HUDBA
ORCHESTER
PUBLIKUM
SKÚŠKA
RYTMUS
SÓLO
ŠTÝL

46 - Fruit

```
Y  M  A  N  G  O  D  E  S  U  H  O  R  C
A  N  A  N  Á  S  U  C  L  Y  S  R  A  O
Č  E  R  E  Š  Ň  A  F  I  G  A  A  C  H
H  C  M  M  E  L  Ó  N  V  Y  P  N  I  R
H  F  P  A  P  Á  J  A  K  F  O  Ž  T  O
R  T  V  R  L  V  O  G  A  I  H  O  R  Z
T  A  E  H  F  I  A  F  J  R  L  V  Ó  N
G  X  X  U  Y  Z  N  I  U  F  W  Ý  N  O
F  U  T  L  F  S  J  A  V  O  K  Á  D  O
L  J  A  E  L  B  A  N  Á  N  R  K  K  M
B  S  B  V  T  C  B  O  B  U  L  E  K  S
N  K  X  C  A  Z  L  U  Z  K  G  D  I  X
R  A  H  R  U  Š  K  A  P  Z  U  H  V  E
L  K  Y  I  B  R  O  S  K  Y  Ň  A  I  Y
```

MARHULE	KIVI
ANANÁS	MANGO
AVOKÁDO	MELÓN
BOBULE	ORANŽOVÝ
BANÁN	PAPÁJA
ČEREŠŇA	BROSKYŇA
CITRÓN	HRUŠKA
FIGA	JABLKO
MALINA	SLIVKA
GUAVA	HROZNO

47 - Surf

```
S  L  Ž  S  Š  E  O  D  H  O  X  V  H  U
O  I  A  Z  T  G  C  E  V  Y  S  W  H  H
N  Ú  L  W  Ý  A  E  X  T  R  É  M  N  Y
V  T  Ú  A  L  Z  Á  B  A  V  A  M  U  E
W  E  D  P  B  O  N  K  C  M  P  V  I  M
P  S  O  V  Š  P  O  R  T  O  V  E  C  V
Á  O  K  P  F  M  D  R  I  D  L  N  W  T
D  P  P  P  L  Á  Ž  A  H  Y  N  C  E  Z
L  L  E  U  U  V  C  G  V  F  A  X  R  N
O  H  N  G  L  E  V  G  W  Y  C  F  A  I
R  E  A  D  N  Á  B  P  O  Č  A  S  I  E
Y  Z  M  C  W  G  R  M  A  J  S  T  E  R
B  H  P  B  G  F  L  Ň  U  D  U  R  C  K
R  Ý  C  H  L  O  S  Ť  Y  H  O  C  T  N
```

ZÁBAVA	OCEÁN
ŠPORTOVEC	PÁDLO
MAJSTER	PLÁŽ
ŽALÚDOK	POPULÁRNY
EXTRÉMNY	ÚTES
SILA	ŠTÝL
DAVY	VLNA
POČASIE	RÝCHLOSŤ
PENA	

48 - Technologie

```
P  D  X  S  Ú  B  O  R  R  S  F  C  U  M
Í  R  I  F  S  Š  L  H  R  O  O  Y  G  V
S  W  E  G  G  T  J  O  L  F  T  B  V  S
M  Y  N  H  I  A  A  F  G  T  O  E  I  K
O  L  B  D  L  T  P  K  O  V  A  Z  R  P
Ú  D  A  J  E  I  Á  K  K  É  P  P  T  O
V  P  J  X  Y  S  A  L  X  R  A  E  U  Č
Í  O  T  A  D  T  J  D  N  K  R  Č  Á  Í
R  G  O  M  N  I  N  W  A  Y  Á  N  L  T
U  S  V  G  Y  K  W  X  H  Č  T  O  N  A
S  P  R  Á  V  A  D  S  I  Z  V  S  Y  Č
O  B  R  A  Z  O  V  K  A  W  D  Ť  X  D
I  N  T  E  R  N  E  T  K  U  R  Z  O  R
T  N  U  X  T  V  Ý  S  K  U  M  N  V  A
```

BLOG	DIGITÁLNY
FOTOAPARÁT	BAJTOV
KURZOR	POČÍTAČ
ÚDAJE	PÍSMO
OBRAZOVKA	VÝSKUM
SÚBOR	BEZPEČNOSŤ
INTERNET	ŠTATISTIKA
SOFTVÉR	VIRTUÁLNY
SPRÁVA	VÍRUS
PREHLIADAČ	

49 - Météo

```
V  N  P  O  K  O  J  N  Ý  X  V  P  D  T
T  E  P  L  O  T  A  V  M  P  O  B  A  R
W  B  Ú  R  K  A  R  W  Z  O  V  Y  T  O
Ľ  A  D  E  I  Z  L  U  G  L  E  V  M  P
Y  F  Ú  L  K  T  I  C  F  Á  X  I  O  I
P  L  H  K  X  O  B  Y  I  R  X  Y  S  C
X  F  A  H  U  R  I  K  Á  N  T  P  F  K
M  O  N  Z  Ú  N  K  Y  F  Y  K  Z  É  Ý
R  H  W  K  G  Á  V  I  E  T  O  R  R  C
A  E  R  A  P  D  Á  S  U  C  H  O  A  N
K  L  R  O  L  O  N  M  V  Z  M  N  P  H
P  T  B  H  M  T  O  Z  C  M  L  X  R  K
S  U  C  H  Ý  E  K  H  F  R  A  J  J  F
K  L  Í  M  A  U  S  J  K  J  H  C  O  H
```

DÚHA	HURIKÁN
ATMOSFÉRA	POLÁRNY
VÁNOK	SUCHÝ
HMLA	SUCHO
POKOJNÝ	TEPLOTA
NEBA	BÚRKA
KLÍMA	HROM
ĽAD	TORNÁDO
MONZÚN	TROPICKÝ
MRAK	VIETOR

50 - Châteaux

```
K  Ô  Ň  S  K  R  Á  Ľ  O  V  S  T  V  O
X  A  G  Š  T  Í  T  I  U  E  Z  I  D  F
G  S  T  W  P  E  T  L  U  Ž  J  X  Y  O
W  U  Y  K  A  R  N  Y  Š  A  E  J  N  P
M  D  Y  N  L  B  I  A  Ľ  X  D  R  A  R
F  B  Z  C  Á  J  J  N  A  M  N  Í  S  I
D  R  A  K  C  J  I  D  C  E  O  Š  T  N
B  R  N  E  N  I  E  V  H  Č  R  A  I  C
F  E  U  D  Á  L  N  Y  T  D  O  H  A  E
T  T  M  C  W  B  A  K  I  H  Ž  R  H  Z
P  W  K  A  T  A  P  U  L  T  E  Z  Z  N
R  Y  T  I  E  R  S  O  Ý  S  C  C  Z  Á
O  O  I  P  P  E  V  N  O  S  Ť  T  X  K
K  O  R  U  N  A  V  B  G  R  A  N  G  Z
```

BRNENIE	FEUDÁLNY
ŠTÍT	PEVNOSŤ
KATAPULT	JEDNOROŽEC
KÔŇ	STENA
RYTIER	UŠĽACHTILÝ
KORUNA	PALÁC
DRAK	PRINC
DYNASTIA	PRINCEZNÁ
RÍŠA	KRÁĽOVSTVO
MEČ	VEŽA

51 - Randonnée

```
P  G  F  Ť  T  E  A  F  V  A  I  L  E  D
R  O  F  K  A  M  E  N  E  V  L  O  V  I
Í  P  Č  K  M  Ž  D  O  D  C  O  G  V  V
P  O  I  A  F  J  K  C  P  V  R  D  K  O
R  V  Ž  X  S  M  S  Ý  S  D  I  C  A  K
A  A  M  T  L  I  F  T  L  K  E  M  P  Ý
V  H  Y  I  Ú  T  E  S  N  O  N  M  V  U
A  A  S  U  M  M  I  T  K  M  T  A  R  N
Z  V  I  E  R  A  T  Á  O  Á  Á  P  C  A
C  B  F  V  E  Y  P  B  M  R  C  A  H  V
G  V  P  T  K  T  A  R  K  E  I  I  E  E
V  L  F  Y  I  K  R  O  K  O  A  S  G  N
V  E  P  J  Z  B  K  L  Í  M  A  K  V  Ý
M  L  P  E  M  L  Y  W  G  T  N  Z  L  R
```

ZVIERATÁ
ČIŽMY
KEMP
MAPA
KLÍMA
VODA
ÚTES
UNAVENÝ
ŤAŽKÝ
POČASIE

VRCH
KOMÁRE
POVAHA
ORIENTÁCIA
PARKY
KAMENE
PRÍPRAVA
DIVOKÝ
SLNKO
SUMMIT

52 - Meubles

```
G O L K R E S L O X Z P K R
F A B A X B O F K D R O A Z
J H U F M N A S F O K L H Á
F C S Č S P E E S U A I Z C
H K K L T S A L L A D C G L
P O N P O S T E Ľ F L E M O
P B I E L I Z N Í K O B B N
X E Ž U I N L V A N K Ú Š Y
L R N H Č Y T A Y Y U B F F
T E I N K H E V V R U U U L
E C C M A T R A C I U B T X
L V A N K Ú Š E P W Č D O C
A R M O I R E G Y Y O K N X
H O J D A C I A S I E Ť A D
```

ARMOIRE	FUTON
LAVIČKA	HOJDACIA SIEŤ
KNIŽNICA	LAMPA
GAUČ	POSTEĽ
STOLIČKA	MATRAC
BIELIZNÍK	ZRKADLO
VANKÚŠE	VANKÚŠ
POLICE	ZÁCLONY
KRESLO	KOBEREC

53 - Art

```
Z  L  O  Ž  E  N  I  E  O  B  R  A  Z  Y
Ú  P  R  I  M  N  Ý  S  S  O  C  H  A  B
T  N  I  K  J  E  D  N  O  D  U  C  H  Ý
L  U  I  P  C  U  G  O  B  R  Á  Z  O  K
U  E  J  B  L  A  V  T  N  Á  L  A  D  A
K  E  R  A  M  I  C  K  Ý  G  E  V  V  P
P  S  J  V  Y  T  V  O  R  I  Ť  Y  I  H
P  R  Y  K  E  D  Ý  M  W  S  Z  K  Z  X
O  Ô  E  M  Z  Z  R  P  V  M  M  R  U  D
É  C  V  D  B  C  A  L  A  H  B  E  Á  P
Z  W  X  O  M  O  Z  E  Z  E  Z  S  L  Z
I  K  H  G  D  E  L  X  L  M  R  L  N  K
A  E  R  I  K  N  T  N  I  I  K  I  Y  U
F  K  N  B  B  P  Ý  É  Z  F  O  Ť  N  M
```

KERAMICKÝ	PÔVODNÝ
KOMPLEXNÉ	OBRAZY
ZLOŽENIE	OSOBNÝ
VYTVORIŤ	POÉZIA
VYKRESLIŤ	SOCHA
VÝRAZ	JEDNODUCHÝ
OBRÁZOK	PREDMET
ÚPRIMNÝ	SYMBOL
NÁLADA	VIZUÁLNY

54 - Nutrition

```
G  I  S  H  M  O  T  N  O  S  Ť  O  Z  E
J  N  A  V  O  M  R  E  I  K  D  F  D  N
V  G  C  Y  I  Á  Á  H  K  B  V  A  R  K
W  R  H  V  V  Č  V  O  O  U  Y  C  A  T
R  E  A  Á  I  K  E  D  R  A  T  D  V  Z
J  D  R  Ž  T  A  N  Z  E  H  O  I  Ý  Y
E  I  I  E  A  K  I  H  N  A  X  É  N  U
D  E  D  N  M  Y  E  P  I  V  Í  T  J  Y
L  N  Y  Ý  Í  B  M  E  E  L  N  A  B  V
É  C  F  U  N  V  K  V  A  S  E  N  I  E
N  I  C  K  A  L  Ó  R  I  E  J  A  S  I
V  E  D  H  Z  D  R  A  V  I  E  D  W  T
D  T  T  A  U  K  V  A  L  I  T  A  R  Y
E  Z  L  E  E  Ť  S  P  W  H  O  R  K  Ý
```

HORKÝ	INGREDIENCIE
CHUŤ	TEKUTINY
KALÓRIE	HMOTNOSŤ
JEDLÉ	KVALITA
DIÉTA	ZDRAVÝ
TRÁVENIE	ZDRAVIE
KORENIE	OMÁČKA
VYVÁŽENÝ	TOXÍN
KVASENIE	VITAMÍN
SACHARIDY	

55 - Science Fiction

```
F V W H Z O R A C L E P G R
U E X T R É M N Y G O L A O
T A S C E N Á R O E D A L B
U L T R V J F P G X U N A O
R T R Ó A Ý G E K H F É X T
I P Y Z M J B E G R I T I Y
S I P F I O O U T V X A A P
T U G X U R V C C G S Y U Z
I I L Ú Z I A Á E H J L U W
C F T E C H N O L Ó G I A B
K N I H Y Y L U T Ó P I A A
Ý I M A G I N Á R N Y Y Y I
U F N T A J O M N Ý S V E T
I N X O H E Ň H W Z T B T M
```

ATÓMOVÁ	KNIHY
KINO	SVET
VÝBUCH	TAJOMNÝ
EXTRÉMNY	ORACLE
OHEŇ	PLANÉTA
FUTURISTICKÝ	ROBOTY
GALAXIA	SCENÁR
ILÚZIA	TECHNOLÓGIA
IMAGINÁRNY	UTÓPIA

56 - Vertus #1

```
I  N  T  E  L  I  G  E  N  T  N  Ý  M  S
N  Y  X  N  E  Z  Á  V  I  S  L  Ý  L  M
U  Ž  I  T  O  Č  N  Ý  Á  I  L  P  M  I
D  O  B  R  E  Z  D  S  G  Š  B  A  H  E
O  Č  A  R  U  J  Ú  C  I  U  N  C  A  Š
E  R  O  Z  H  O  D  U  J  Ú  C  I  Y  N
S  K  R  O  M  N  Ý  M  S  Y  Z  E  V  Y
O  G  Z  K  M  D  J  E  Š  W  Z  N  W  Ý
Č  S  S  K  T  S  K  L  L  T  V  T  Y  X
I  S  T  Ý  U  R  X  E  I  Z  E  X  D  B
S  Y  E  P  F  T  L  C  D  M  D  D  S  S
T  J  M  Ú  D  R  Y  K  D  K  A  M  R  V
Ý  Ú  Č  I  N  N  Ý  Ý  P  D  V  B  I  Ý
P  R  A  K  T  I  C  K  Ý  Z  Ý  S  Y  V
```

UMELECKÝ	NEZÁVISLÝ
DOBRE	INTELIGENTNÝ
OČARUJÚCI	SKROMNÝ
ISTÝ	VÁŠNIVÝ
ZVEDAVÝ	PACIENT
ROZHODUJÚCI	PRAKTICKÝ
SMIEŠNY	ČISTÝ
ÚČINNÝ	MÚDRY
ŠTEDRÝ	UŽITOČNÝ

57 - Professions #1

```
I  N  Š  T  A  L  A  T  É  R  K  C  T  E
V  E  T  E  R  I  N  Á  R  N  L  Y  R  D
M  Z  P  Z  N  F  M  E  O  M  A  X  É  I
T  A  N  E  Č  N  Í  K  M  B  V  I  N  T
E  D  B  T  M  M  C  Z  M  A  I  U  E  O
P  S  Y  C  H  O  L  Ó  G  N  R  K  R  R
G  E  O  L  Ó  G  D  I  V  K  I  L  H  X
A  S  T  R  O  N  Ó  M  X  Á  S  E  A  C
W  T  F  Z  W  L  E  K  Á  R  T  N  S  P
G  R  I  K  D  U  T  P  W  V  A  O  I  U
C  A  O  X  F  V  L  O  V  E  C  T  Č  E
H  U  D  O  B  N  Í  K  W  D  J  N  G  E
P  R  Á  V  N  I  K  B  F  E  I  Í  X  Y
K  A  R  T  O  G  R  A  F  C  Z  K  L  G
```

ASTRONÓM	SESTRA
PRÁVNIK	LEKÁR
BANKÁR	HUDOBNÍK
KLENOTNÍK	KLAVIRISTA
KARTOGRAF	INŠTALATÉR
LOVEC	HASIČ
TANEČNÍK	PSYCHOLÓG
TRÉNER	VEDEC
EDITOR	VETERINÁR
GEOLÓG	

58 - Géologie

```
K M O D K M G K V U S U Z J
Y G D X O R I K A M E Ň F U
S U A R R L Y N G E J Z Í R
E R R S A E I Š E L P Ó J A
L O M K L T S W T R L N A L
I Z I S O P K A Y Á Á A S T
N T Y O V P P S C D L L K S
A A F O S Í L N E O M Y Y O
I V V I W Y I O B N P D Ň Ľ
G E R Ó Z I A S Š F Z C A F
E N S T A L A K T I T Y W R
Y Ý T F T K O N T I N E N T
P X V P P E L Á V A P A I M
J A A V Á P N I K R E M E Ň
```

KYSELINA
VÁPNIK
JASKYŇA
KONTINENT
KORALOV
VRSTVA
KRYŠTÁLY
ERÓZIA
ROZTAVENÝ
FOSÍLNE

GEJZÍR
LÁVA
MINERÁLY
KAMEŇ
PLOŠINA
KREMEŇ
SOĽ
STALAKTIT
SOPKA
ZÓNA

59 - Cirque

```
Z V I E R A T Á K R N U G H
E W B T G B W P L G A K N Y
B A V I Ť A S A A M K Á D N
V R G G S L O N U I R Z X A
E F X E J Ó D T N D O A G B
Ľ K O R D N K H O I B Ť W D
K Ú Z L O Y K T V V A F U F
O Z X K E V O O B Á T Z R Ž
L E O C T V S X P K O A W O
E L L H N Z T T A I E S I N
P N A E K G Ý F A N C A C G
Ý Í M L T O M K I N E A E L
A K H U D B A L Í S T O K É
S P R I E V O D S A R L O R
```

AKROBAT	KÚZELNÍK
ZVIERATÁ	KÚZLO
BALÓNY	UKÁZAŤ
LÍSTOK	HUDBA
KLAUN	SPRIEVOD
KOSTÝM	OPICA
BAVIŤ	VEĽKOLEPÝ
SLON	DIVÁK
ŽONGLÉR	STAN
LEV	TIGER

60 - Jardin

```
T  V  R  I  P  Z  Á  H  R  A  D  A  R  C
R  O  E  Z  L  O  P  A  T  A  Z  M  Y  H
Á  F  R  Z  O  R  P  L  M  D  D  J  B  R
V  I  E  F  T  R  A  M  P  O  L  Í  N  A
N  U  N  L  R  G  H  B  U  G  A  A  Í  B
I  V  V  T  Á  F  A  U  V  Y  V  U  K  L
K  W  I  J  V  P  D  R  G  V  I  J  V  E
V  J  Y  N  A  W  I  I  Á  G  Č  K  E  R
Z  S  T  D  I  T  C  N  V  Ž  K  N  T  P
J  U  V  D  Y  Č  A  Y  W  N  A  R  E  Ô
H  O  J  D  A  C  I  A  S  I  E  Ť  R  D
R  P  S  T  R  O  M  S  N  J  W  Z  A  A
S  Y  R  B  W  F  O  W  A  L  L  P  S  J
S  D  H  L  H  K  J  J  J  D  D  K  A  E
```

STROM
LAVIČKA
KER
PLOT
RYBNÍK
KVET
GARÁŽ
HOJDACIA SIEŤ
TRÁVA
ZÁHRADA

BURINY
LOPATA
TRÁVNIK
HRABLE
PÔDA
TERASA
TRAMPOLÍNA
HADICA
SAD
VINIČ

61 - Barbecues

```
G  S  O  Ľ  Š  O  D  M  G  D  P  V  H  Z
R  A  V  H  L  A  L  E  T  O  M  B  L  E
I  F  O  O  K  T  L  G  R  U  F  O  A  L
L  U  C  R  N  P  I  Á  V  H  P  M  D  E
G  G  I  Ú  M  I  D  B  T  R  A  Á  V  N
L  W  E  C  I  B  U  Ľ  A  Y  R  Č  E  I
R  W  P  I  N  X  K  C  Z  F  A  K  N  N
O  B  E  D  Z  X  S  U  N  F  D  A  V  A
D  A  Y  H  D  E  T  I  R  S  A  K  E  L
I  B  D  S  U  X  N  S  R  A  J  I  Č  C
N  O  Ž  E  P  D  G  U  J  J  K  B  E  H
A  E  K  J  A  M  B  S  X  I  Y  B  R  N
T  F  I  F  T  B  P  A  P  R  I  K  A  A
K  J  M  N  N  E  X  V  C  E  B  S  X  S
```

HORÚCI	HRY
NOŽE	ZELENINA
OBED	HUDBA
VEČERA	CIBUĽA
DETI	PAPRIKA
LETO	KURA
HLAD	ŠALÁTY
RODINA	OMÁČKA
OVOCIE	SOĽ
GRIL	PARADAJKY

62 - Anniversaire

```
G  J  L  P  O  Z  V  Á  N  K  Y  U  Z  S
F  Š  Y  R  D  A  R  G  A  D  P  N  N  V
V  P  Ť  I  R  A  D  O  S  T  N  Ý  C  I
Y  E  K  A  L  E  N  D  Á  R  D  J  J  E
Z  C  I  T  S  M  Ú  D  R  O  S  Ť  G  Č
Á  I  S  E  T  T  T  V  E  Ľ  K  Ý  K
B  Á  W  L  T  O  N  W  R  O  X  A  I  Y
A  L  O  I  O  R  A  Ý  M  O  S  R  D  O
V  N  K  A  E  T  R  A  G  L  K  T  N  S
A  Y  D  E  A  A  O  Č  A  S  A  Y  I  L
P  I  E  S  E  Ň  D  A  X  I  T  D  F  A
Z  Y  Ň  H  Y  T  E  R  H  D  A  X  Ý  V
P  D  L  B  U  L  N  Z  K  W  X  F  P  A
R  R  X  D  J  C  Ý  S  N  Y  L  C  B  M
```

PRIATELIA	ŠŤASTNÝ
ZÁBAVA	POZVÁNKY
ROK	MLADÝ
SVIEČKY	DEŇ
DAR	RADOSTNÝ
KALENDÁR	NARODENÝ
KARTY	MÚDROSŤ
PIESEŇ	ŠPECIÁLNY
OSLAVA	VEĽKÝ
TORTA	ČAS

63 - Animaux de Compagnie

```
P A P A G Á J Š I K V T O U
M K R Á L I K X T I J A L J
J A Š T E R I C A E G M A P
V J Č M C F X N A W Ň G B E
M N M I R H K E Y X V A K S
X X I H A W V O D A E Y Y Z
M U E K Z T X O S D T E V R
W P E M A Č K A S J E D L O
P A Z Ú R K V O D T R G V O
K O R Y T N A Č K A I O X Y
O Š K R E Č O K R E N L U V
Z D C Y F L F F A B Á I V M
A Y B B S J K M V W R E S R
I Z M Y Š F M M A Z U R R P
```

MAČKA	JAŠTERICA
MAČIATKO	JEDLO
KOZA	LABKY
PES	PAPAGÁJ
ŠTEŇA	RYBY
GOLIER	CHVOST
VODA	MYŠ
PAZÚR	KORYTNAČKA
ŠKREČOK	KRAVA
KRÁLIK	VETERINÁR

64 - Forêt Tropicale

```
W B M F F Ú T O Č I S K O I
Z A C H O V A N I E H R B A
R Ô Z N O R O D O S Ť O O B
P R E Ž I T I E T R E L J R
R E Š P E K T O V A Ť C Ž M
B K J M T L V B J Y U E I A
D O O T N Í T L A T P N V C
O B T M C M Á A R C O N E H
M N E A U A K K L I V Ý L Y
O O A A N Y Y F C A A N U
R V D T P I I N M A H X Í F
O A R S H N C T J V A M K C
D Ž U N G L E K A C D Z Y F
Ý M H F N T V E Ý E S E C Z
```

OBOJŽIVELNÍKY
BOTANICKÝ
KLÍMA
KOMUNITA
RÔZNORODOSŤ
DRUH
DOMORODÝ
HMYZ
DŽUNGLE
CICAVCE

MACH
POVAHA
OBLAKY
VTÁKY
CENNÝ
ZACHOVANIE
ÚTOČISKO
REŠPEKTOVAŤ
OBNOVA
PREŽITIE

65 - Insectes

```
V C S M J L T Z L K K C I P
C I K Á D A I E A H Y K B U
M M M A N T I S R Š E Ň W T
K O B Y L K A E V M B H H S
V S T I I U G K A K I A R Y
Á A V Ý G Č K F Y Š J T R P
Ž A U G Ľ E V M M I V W B Z
K G N C H R O B Á K Č Á L L
A G C V H V Š L A O E Z B A
P R F X H S K C X M L P A X
Z K O G E F A H U Á A G U I
J P T M R X O A Z R L B E S
S S V Ä T O J Á N S K Y X W
M R A V E C I L I E N K A X
```

VČELA   MANTIS
ŠVÁB   KOMÁR
CIKÁDA   MOTÝĽ
LIENKA   BLCHA
SVÄTOJÁNSKY   VOŠKA
MRAVEC   KOBYLKA
SRŠEŇ   CHROBÁK
OSA   TERMIT
LARVA   ČERV
VÁŽKA

66 - Ferme #1

```
A U V O P O Z Y K V L C J U
E U Z P S X M S O M Á R B M
I B K L S T C U Z L H L L L
V J S O O M K E A T T X C W
C S S T S R W S V W Z U W A
H P O L E T K P Č O L X F K
V N X O N E W M E D D I N R
A S O A O Ľ H A L S V A F A
D N O J B A J Č A R Y Ž A V
O O E H I P R K Ô Ň T T Y A
L D K H Z V V A Ḱ D E Ľ T
X H U Ó R O P R A S A V Y
R V R A N A W C X S W D Z R
M M A H H K M O E P B M T H
```

VČELA
SOMÁR
BIZÓN
POLE
MAČKA
KÔŇ
KOZA
PES
PLOT
PRASA

VRANA
VODA
HNOJIVO
SENO
MED
KURA
RYŽA
KŔDEĽ
KRAVA
TEĽA

67 - Escalade

```
N Z F E S J Č C N W V T S Z
T R É N I N G I P D Ý U T R
F U Z Y L F U L Ž M Z R A A
Y K V J A M A P A M V I B N
Z A B D T E R É N I Y S I E
I V D V M L K Ú Z K Y T L N
C I L X O F P B V T O I I I
K C F X S M A A E R S K T E
Ý E S M F Z M K D H G A A D
C R Y T É X S J A S K Y Ň A
T S R O R T I A V Y E Z Z M
V H X C A O D B O R N Í K N
P R I L B A G P S H L C P C
L D M Z T Y U S Ť Y X L J X
```

ATMOSFÉRA	SILA
ZRANENIE	TRÉNING
ČIŽMY	RUKAVICE
MAPA	JASKYŇA
PRILBA	FYZICKÝ
ZVEDAVOSŤ	TURISTIKA
VÝZVY	STABILITA
ODBORNÍK	TERÉN
ÚZKY	

68 - École #2

```
U H R Y Y G N O Ž N I C E K
B Č L I T E R A T Ú R A S A
K N I Ž N I C A F S G I L L
C B L T V W I F M X J V O E
E B W X E L G A G A S B V N
R I G L P Ľ T W I O T A N D
U P V T Y U Č E N I E I Í Á
Z A Í E F D Í N I I R P K R
K P I S A U T O B U S O D A
A I C J A M A Z C D V Č E Z
S E V L P N N V E D A Í O I
B R M A K T I V I T Y T X H
K N I H Y X E E X C P A A N
V Z D E L Á V A N I E Č A O
```

AKTIVITY
UČENIE
KNIŽNICA
AUTOBUS
KALENDÁR
NOŽNICE
CERUZKA
SLOVNÍK
UČITEĽ
PÍSANIE

VZDELÁVANIE
GRAMATIKA
HRY
ČÍTANIE
LITERATÚRA
KNIHY
POČÍTAČ
PAPIER
VEDA

69 - Antarctique

```
Ľ  V  Ý  S  K  U  M  N  Í  K  Y  J  P  P
V  A  T  O  P  O  G  R  A  F  I  A  N  O
E  M  D  M  I  N  E  R  Á  L  Y  K  V  L
D  I  P  O  J  Y  W  K  X  T  H  G  I  O
E  G  R  F  V  V  P  B  T  E  M  L  E  S
C  R  O  X  E  C  W  I  E  P  S  H  X  T
K  Á  S  F  Ľ  H  E  V  N  L  U  I  P  R
Ý  C  T  M  R  O  S  T  R  O  V  Y  E  O
M  I  R  B  Y  C  B  Á  B  T  O  R  D  V
E  A  É  G  B  H  T  K  Ľ  A  D  K  Í  Z
J  J  D  W  Y  R  M  Y  M  F  A  O  C  Á
Y  P  I  S  K  A  L  N  A  T  Ý  O  I  L
F  G  E  K  O  N  T  I  N  E  N  T  A  I
G  E  O  G  R  A  F  I  A  Y  V  J  M  V
```

ZÁLIV	ĽADOVCE
VEĽRYBY	OSTROVY
VÝSKUMNÍK	MIGRÁCIA
OCHRANA	MINERÁLY
KONTINENT	VTÁKY
VODA	POLOSTROV
PROSTREDIE	SKALNATÝ
EXPEDÍCIA	VEDECKÝ
GEOGRAFIA	TEPLOTA
ĽAD	TOPOGRAFIA

70 - Professions #2

```
D E P P D L C R P X D X P R
Z Á H R A D N Í K I G H K D
V Ý S K U M N Í K K L C M E
G I O I L U S T R Á T O R T
P M A L I A R A V O I O T E
H C E Y P A B L E K Á R H K
V Y N Á L E Z C A Z C J C T
K N I H O V N Í K B U M A Í
F O T O G R A F O I Č B W V
L I N G V I S T A O I G Á Z
C H I R U R G D Y L T G I R
F I L O Z O F C W Ó E B J B
I N Ž I N I E R R G Ľ V G G
N O V I N Á R Z O O L Ó G Z
```

KNIHOVNÍK	ZÁHRADNÍK
BIOLÓG	NOVINÁR
VÝSKUMNÍK	LINGVISTA
CHIRURG	LEKÁR
ZUBÁR	MALIAR
DETEKTÍV	FILOZOF
UČITEĽ	FOTOGRAF
ILUSTRÁTOR	PILOT
INŽINIER	ZOOLÓG
VYNÁLEZCA	

71 - Les Abeilles

```
S  L  Y  S  V  L  B  T  H  W  G  A  H  J
K  R  Á  Ľ  O  V  N  Á  M  E  D  Z  K  K
D  R  A  S  T  L  I  N  Y  W  M  J  R  F
R  G  N  P  C  I  H  R  Z  Ú  J  C  Í  K
O  Ô  O  C  E  M  Z  D  S  Ľ  M  J  D  V
J  G  Z  D  Y  M  U  U  P  A  H  T  L  E
J  J  T  N  K  P  M  H  A  B  I  T  A  T
P  E  Ľ  Z  O  V  J  D  W  I  I  A  N  Y
S  D  S  N  Á  R  E  O  W  N  D  W  G  O
L  L  L  K  L  H  O  T  S  X  I  C  S  V
A  O  N  I  N  V  R  D  Z  H  I  K  K  O
N  Y  K  Z  R  C  K  A  O  V  O  S  K  C
E  P  O  Z  I  E  D  G  D  S  Z  N  R  I
E  K  O  S  Y  S  T  É  M  A  Ť  T  E  E
```

KRÍDLA	HMYZ
VOSK	ZÁHRADA
RÔZNORODOSŤ	MED
ROJ	JEDLO
EKOSYSTÉM	RASTLINY
KVET	PEĽ
KVETY	KRÁĽOVNÁ
OVOCIE	ÚĽ
DYM	SLNKO
HABITAT	

72 - Dinosaures

```
F F K J K R Í D L A J O Z P
O C O N C C A E C J E M M R
H H R S Y O J P C D G N I E
R V I Y Í O F U T J R I Z H
O O S L Y L V Ý V O J V N I
M S Ť K W A I V C W R O U S
N T Y V C V M E O E I R T T
Ý J V E Ľ K Ý O X H G J I O
R M D Ľ E B J W C C B M E R
I O W K A D C A M N F Y O I
M Ä S O Ž R A V E C Ý V W C
F Z I S T U D P L A Z E M K
M Z N Ť V H M A M U T T X Ý
B Y L I N O Ž R A V E C W C
```

KRÍDLA	OMNIVOR
MÄSOŽRAVEC	PREHISTORICKÝ
ZMIZNUTIE	KORISŤ
DRUH	MOCNÝ
OHROMNÝ	CHVOST
VÝVOJ	RAPTOR
FOSÍLIE	PLAZ
VEĽKÝ	VEĽKOSŤ
BYLINOŽRAVEC	ZEM
MAMUT	

73 - Conduite

```
U U Y D X W Z C Z U T V N M
Y B L L A U N B F Y U B Á O
X D P I N P W U X K N E K T
V F R Ý C H L O S Ť E Z L O
Y H E T P A L I V O L P A C
J C P C E S T A T U N E D Y
F X R D O P R A V A E Č N K
T R A P O L Í C I A H N É E
B S V O W U K P N M O O A L
M R A P L Y N E W S D S U N
A O Z U J D F Š A Z A Ť T M
P U T D L I C E N C I A O S
A U T O Y I C J F J M X O U
X G G A R Á Ž I E V A E J V
```

NEHODA
NÁKLADNÉ AUTO
PALIVO
MAPA
BRZDY
GARÁŽ
PLYN
LICENCIA
MOTOR
MOTOCYKEL

PEŠEJ
POLÍCIA
CESTA
ULICA
BEZPEČNOSŤ
DOPRAVA
PREPRAVA
TUNEL
RÝCHLOSŤ
AUTO

74 - Plantes

```
H N U Y S T O N K A M E Y X
I N L B X T S Y B A M B U S
H O O Z O M R G D L S Z K V
F S Z J U W R O T C J Á A E
L L I P I L E S M A C H K G
Ó Í N U X V M K M U G R T E
R S S I I F O F R A A A U T
A T C T B R E Č T A N D S Á
M I U R O B O A L F K A G C
V E J Á T K O R E Ň V E E I
T C V V B É H N U Z E J C A
F T I A D R A M M R T A B J
K B O T A N I K A D E X G V
G F A Z U Ľ A B O B U L E N
```

STROM

BOBULE

BAMBUS

BOTANIKA

KER

KAKTUS

HNOJIVO

LÍSTIE

KVET

FLÓRA

LES

FAZUĽA

TRÁVA

ZÁHRADA

BREČTAN

MACH

LÍSTOK

KOREŇ

STONKA

VEGETÁCIA

75 - Ferme #2

```
S T O D O L A Z Z K L R P K
E N D J M V T E A U A I K A
Z W T A J C N L V K M A T Č
T L M Č U H U E L U A Z R I
P J B M X E C N A R W V A C
O Š J E D L O I Ž I C I K A
F V E Ň E Z Y N O C B E T B
D A O N L G S A V A L R O V
Y Z R C I W A J A H Ň A R I
G K Z M I C D H N F S T U G
Ú D P Y Á E A Z I Y A Á C U
Ľ I O C C R W I E T G M D V
C N J D N Z O V C E L Ú K A
P A S T I E R M L I E K O U
```

JAHŇA	LAMA
FARMÁR	ZELENINA
ZVIERATÁ	KUKURICA
PASTIER	OVCE
PŠENICA	JEDLO
KAČICA	JAČMEŇ
OVOCIE	LÚKA
STODOLA	ÚĽ
ZAVLAŽOVANIE	TRAKTOR
MLIEKO	SAD

76 - École #1

```
P P P S K Ú Š K Y N B U P C
A R R T P E R Á R L L Č I P
P I I O D P O V E D E Í Y F
I A E L B K Z H M P Í S A Ť
E T Č I K E N W A W U L U L
R E I Č O I D C T W Č A A D
G L N K N I H Y E X E E B J
F I K A E Y T P M K B N E T
V A Y Z Á B A V A V Ň K C B
K N I Ž N I C A T Í A O E E
C E R U Z K A B I Z X J D Y
I R E H K N R G K P X B A P
U Č I T E Ľ R U A L T K K T
R P Z L B Z L U A Z K C N Z
```

ABECEDA	SKÚŠKY
PRIATELIA	PÍSAŤ
ZÁBAVA	KNIHY
KNIŽNICA	MATEMATIKA
STOLIČKA	ČÍSLA
CERUZKA	PAPIER
PERÁ	KVÍZ
OBED	ODPOVEDE
PRIEČINKY	UČEBŇA
UČITEĽ	

77 - Vacances #2

```
S  D  M  B  U  P  O  N  M  T  Y  R  J  V
R  T  J  N  H  K  W  U  Y  G  T  F  J  O
E  C  A  B  B  D  V  V  I  E  K  F  W  Ľ
Z  U  R  N  V  S  E  O  P  K  E  K  S  N
E  D  O  V  O  L  E  N  K  A  E  J  P  Ý
R  Z  R  E  Š  T  A  U  R  Á  C  I  A  Č
V  I  C  P  L  L  E  K  H  N  L  M  S  A
Á  N  T  M  A  P  A  J  O  O  E  U  S  S
C  E  A  O  S  T  R  O  V  P  T  G  T  I
I  C  X  R  E  B  C  T  Í  L  I  E  E  E
E  C  I  E  Ľ  R  C  J  Z  Á  S  T  L  X
P  R  E  P  R  A  V  A  A  Ž  K  E  M  P
C  E  S  T  A  L  N  H  B  R  O  Z  P  V
I  O  M  P  K  L  W  W  R  D  K  K  E  U
```

LETISKO	PLÁŽ
KEMP	REŠTAURÁCIA
MAPA	REZERVÁCIE
CIEĽ	TAXI
CUDZINEC	STAN
HOTEL	VLAK
OSTROV	PREPRAVA
VOĽNÝ ČAS	DOVOLENKA
MORE	VÍZA
PAS	CESTA

78 - Temps

```
T  K  I  K  E  Z  S  M  Z  V  P  B  H  Y
E  Y  A  I  Z  V  Č  E  R  A  O  I  Z  T
T  R  O  K  L  N  J  T  S  D  B  L  F  N  B
A  A  I  E  E  S  Ý  I  E  D  U  N  L  U
Z  R  J  Y  Z  N  Ž  A  S  U  D  E  Ň  D
A  I  S  U  R  O  D  C  A  T  N  X  Z  Ú
I  K  U  Z  U  C  E  Á  Ť  A  I  C  W  C
T  W  K  W  R  M  Ň  H  R  H  E  P  V  N
K  I  B  A  Á  H  K  Č  O  S  K  O  R  O
H  O  D  I  N  A  M  J  Č  D  P  I  J  S
M  P  S  T  O  R  O  Č  I  E  I  R  W  Ť
R  O  Č  N  Ý  Y  H  Z  E  R  H  N  E  K
I  K  M  C  R  R  Y  T  G  J  A  D  Y  D
C  D  A  X  U  D  M  I  N  Ú  T  A  O  M
```

ROK	HODINY
ROČNÝ	DEŇ
PO	TERAZ
PRED	RÁNO
ČOSKORO	POLUDNIE
KALENDÁR	MINÚTA
DESAŤROČIE	MESIAC
BUDÚCNOSŤ	NOC
HODINA	TÝŽDEŇ
VČERA	STOROČIE

79 - Maison

```
D  H  C  K  N  I  Ž  N  I  C  A  S  M  K
R  V  C  S  R  Z  D  A  K  Z  S  T  E  U
C  S  E  P  O  B  T  M  R  G  Z  E  T  C
W  T  K  R  L  A  M  P  A  V  Z  N  L  H
P  R  H  C  E  O  B  O  E  D  Á  A  A  Y
O  E  P  H  N  G  T  L  Z  Z  C  K  L  Ň
D  C  V  A  K  Ľ  Ú  Č  E  Á  L  O  V  A
K  H  C  F  G  H  I  C  B  H  O  B  G  G
R  A  H  P  G  J  W  T  S  R  N  E  H  I
O  Z  R  K  A  D  L  O  G  A  Y  R  B  L
V  K  D  P  R  N  A  S  U  D  T  E  P  P
I  M  N  L  Á  D  U  H  J  A  H  C  F  N
E  J  R  O  Ž  S  S  O  K  H  T  G  G  P
V  D  S  T  R  O  P  U  A  J  F  K  F  L
```

METLA	PODKROVIE
KNIŽNICA	ZÁHRADA
IZBA	LAMPA
KRB	ZRKADLO
KĽÚČE	STENA
PLOT	STROP
KUCHYŇA	DVERE
SPRCHA	ZÁCLONY
OKNO	KOBEREC
GARÁŽ	STRECHA

80 - Légumes

```
P O D Š Š Š I H B D I M K B
E C P A P A R T I Č O K W A
T H E L E L Z Z E L E R Y K
R T I Á N O C Á O Y A G B L
Ž E H T Á T V I Z S F B R A
L K Ď N T K A U B V R T O Ž
E V N K H A Z P U U O H K Á
N I B Y O W N T M H Ľ R O N
E C O L I V O V Ý O K A L U
V A S K W X K C Z R V C I M
M R K V A E H A O K A H C V
P A R A D A J K A A K U A C
B S O C A M G D T H A B P A
L C E S N A K X T O C A G V
```

CESNAK	ŠPENÁT
ARTIČOK	ZÁZVOR
BAKLAŽÁN	KVAKA
BROKOLICA	CIBUĽA
MRKVA	OLIVOVÝ
ZELER	PETRŽLEN
HUBA	HRACH
TEKVICA	REĎKOVKA
UHORKA	ŠALÁT
ŠALOTKA	PARADAJKA

81 - Plage

```
D O L Ú D U B P Š X O G T N
C C O Y T T V P K G S O T K
I E L O Ď E S O R V T W T K
R Á A D K R S B U S R D O K
W N G N U Á W R P G O F A F
T O Ú E C K C E I P V E X U
N J N G X P V Ž N C T M D S
C C A Z P S M I Y A J O Á A
O J D O V O L E N K A R Ž N
M O D R Á G A N P Y E E D D
P I E S O K Z E K R A B N Á
I H R W C H R U Y O L P I L
P L A C H E T N I C A G K E
P E Z T M C A A Z B E Z A A
```

LOĎ
MODRÁ
ŠKRUPINY
POBREŽIE
KRAB
DOK
OSTROV
LAGÚNA
MORE

OCEÁN
DÁŽDNIK
ÚTES
PIESOK
SANDÁLE
UTERÁK
SLNKO
DOVOLENKA
PLACHETNICA

82 - Vacances #1

```
E  Z  J  O  K  L  I  E  T  A  D  L  O  I
X  F  K  U  T  Y  X  J  U  T  U  D  H  T
P  Y  Y  Z  T  Z  U  U  R  S  H  T  B  I
E  X  S  B  K  K  E  T  I  W  K  Z  O  N
D  E  O  F  N  O  L  Í  S  T  O  K  N  E
Í  S  Ť  S  C  G  E  V  T  S  Z  P  O  R
C  O  L  N  É  H  K  J  A  Z  E  R  O  Á
I  K  S  U  H  D  T  M  M  E  N  A  K  R
A  T  G  Y  S  Y  R  M  Ú  Z  B  V  U  M
N  D  Á  Ž  D  N  I  K  W  Z  H  D  F  Y
Y  H  C  B  A  B  Č  M  G  Y  E  C  O  F
H  N  G  I  N  Z  K  P  L  E  R  U  R  B
D  Y  F  A  Y  B  A  T  O  H  G  H  M  Y
R  E  L  A  X  Á  C  I  A  O  D  L  E  T
```

ÍSŤ	MÚZEUM
LIETADLO	DÁŽDNIK
LÍSTOK	RELAXÁCIA
MENA	BATOH
ODLET	TURISTA
COLNÉ	ELEKTRIČKA
EXPEDÍCIA	KUFOR
ITINERÁR	AUTO
JAZERO	

83 - Famille

```
G B I O L F B R A T C N S Y
L R O S T O M A N Ž E L E W
A A F Y E E J F B B J D S X
B T R N T C C G R I D E T I
W R T O A R D O H K Č D R D
N A U V T C V U M A T K A C
S N D E W P S T R Ý K O A É
A E C C L R F D I E Ť A N R
F C V R K E I S E F X J F A
A W Z L A D S R T T D G I E
X A O T C O V S K É S K N L
M A T I E K N X E J O T I M
O F I B O C R S X V O V V O
N E T E R M A N Ž E L K A O
```

PREDOK
BRATRANEC
DETSTVO
DIEŤA
DETI
MANŽELKA
DCÉRA
BRAT
BABIČKA
DEDKO

MANŽEL
MATIEK
MATKA
SYNOVEC
NETER
STRÝKO
OTCOVSKÉ
OTEC
SESTRA
TETA

84 - Oiseaux

```
G  U  R  R  V  E  X  V  U  M  D  B  W  P
V  R  A  B  E  C  R  R  O  R  O  L  V  Z
R  W  F  G  N  M  K  A  Č  I  C  A  F  E
J  M  U  Z  T  U  Č  N  I  A  K  G  U  G
P  Š  T  R  O  S  A  A  S  A  X  F  L  P
K  Á  R  K  H  P  J  N  S  N  K  R  V  H
W  F  V  U  O  E  K  F  C  J  G  R  O  U
N  B  H  R  L  L  A  G  S  C  R  T  L  E
G  T  F  A  U  I  A  T  B  R  T  E  A  L
H  K  V  J  B  K  V  B  D  I  T  O  V  Y
U  O  Y  F  I  Á  A  K  U  K  U  Č  K  A
S  A  L  G  C  N  J  K  O  Ť  K  G  A  Y
R  R  A  U  A  E  E  P  A  P  A  G  Á  J
C  S  H  W  B  O  C  I  A  N  N  B  G  S
```

OROL	VRABEC
PŠTROS	ČAJKA
KAČICA	VAJEC
BOCIAN	HUS
HOLUBICA	PÁV
VRANA	PAPAGÁJ
KUKUČKA	PELIKÁN
LABUŤ	HOLUB
VOLAVKA	KURA
TUČNIAK	TUKAN

85 - Disciplines Scientifiques

```
M A F A T B T H K J H V K B
E N Y S E O I S D U E S G I
C A Z T R T M O J T H K J O
H T I R M A U C L X W K M C
A Ó O O O N N I A Ó Z T S H
N M L N D I O O C V G Z S É
I I Ó Ó Y K L L E M K I K M
K A G M N A Ó Ó K A K L A I
A Y I I A A G G L G D L S A
L U A A M Z I I C H É M I A
X C E Z I R A A P G P O W Z
H S W E K O L Ó G I A T B Y
W X Z H A G E O L Ó G I A N
A R C H E O L Ó G I A T U P
```

ANATÓMIA	EKOLÓGIA
ARCHEOLÓGIA	GEOLÓGIA
ASTRONÓMIA	IMUNOLÓGIA
BIOCHÉMIA	MECHANIKA
BIOLÓGIA	FYZIOLÓGIA
BOTANIKA	SOCIOLÓGIA
CHÉMIA	TERMODYNAMIKA

86 - Émotions

```
S J A B N S M Ú T O K H X L
N Y E H W E K U F T G O M Á
R A M I E R H F P F I A N S
E L D P K L E A A K A I P K
L Á N Š A D D C E W R H U A
I S B W E T P O K O J N Ý V
É K K T B N I Y I O E E U O
F A S M E O Ý E A V I V V S
S P O K O J N Ý R O V H O Ť
W O B A P D V Ď A Č N Ý Ľ J
V K S H S I O X D Z U O N G
N O A Z G F G T O V D A E S
K J H I S U K Z S O A Z N A
B S T R A C H P Ť A L P Ý E
```

LÁSKA
POKOJNÝ
HNEV
OBSAH
UVOĽNENÝ
NUDA
NADŠENÝ
LÁSKAVOSŤ
RADOSŤ

MIER
STRACH
VĎAČNÝ
RELIÉF
SPOKOJNÝ
SYMPATIE
NEHA
POKOJ
SMÚTOK

87 - Géographie

```
H E V K Z K P M X X X M F S
O D B B X O O S T R O V M X
S E V E R N L S Ú P L S D D
O N I C E T U M Z Á P A D K
X C H P G I D T E W W T Z Z
N G E I I N N T M L G L W M
U R M Á Ó E Í R I E K A B O
X P I X N N K Z E A R S M R
K E S V E T L O G I T U D E
O F F L J M A P A M E S T O
V E É T U R O V N Í K Z D P
B V R C H Z S U F G G A G Z
G C A K X L C N K R C B X K
U D V J K R A J I N A V M U
```

ATLAS
MAPA
KONTINENT
ROVNÍK
RIEKA
HEMISFÉRA
OSTROV
LOGITUDE
MORE
POLUDNÍK

SVET
VRCH
SEVER
OCEÁN
ZÁPAD
KRAJINA
REGIÓN
JUH
ÚZEMIE
MESTO

88 - Danse

```
C H O R E O G R A F I A C S
L R U E X P R E S Í V N Y K
W K J D K U L T Ú R N Y X Ú
H T T R B X U M I L O S Ť Š
K Y G F W A V M F P O J N K
R G X K K N V G E M Ó C I A
K Y K R A D O S T N Ý B P K
U Y T P O H Y B E V I N A A
L W S M C M V I L W Z E R D
T X J F U Y O S O S N K T É
Ú R K L A S I C K Ý W D N M
R Z A L N K W V G N Y M E I
A D L B C O G Z C A M M R A
S S O O N K T R A D I Č N Ý
```

AKADÉMIA	MILOSŤ
UMENIE	RADOSTNÝ
CHOREOGRAFIA	POHYB
KLASICKÝ	HUDBA
TELO	PARTNER
KULTÚRA	SKÚŠKA
KULTÚRNY	RYTMUS
EXPRESÍVNY	SKOK
EMÓCIA	TRADIČNÝ

89 - Bâtiments

```
S F P Š K O L A K H R A D H
O O E R T G F D I V A D L O
H B Y K O A I E N T M I A U
T C S T A N D S O U É E B N
O W L E O Y A I P N Z L O I
V L V A R A P C Ó R E Ň R V
Á E J G L V W T P N U A A E
R T Ž W U L A F R B M G T R
E J C A N S X T K C B A Ó Z
Ň G O H N R G A Ó N Y R R I
N E M O C N I C A R T Á I T
U Z Y T K A B Í N A I Ž U A
S U P E R M A R K E T U M T
R N F L M S T O D O L A M O
```

BYT	LABORATÓRIUM
DIELŇA	MÚZEUM
KABÍNA	OBSERVATÓRIUM
HRAD	ŠTADIÓN
KINO	SUPERMARKET
ŠKOLA	STAN
GARÁŽ	DIVADLO
STODOLA	VEŽA
NEMOCNICA	UNIVERZITA
HOTEL	TOVÁREŇ

90 - Activités et Loisirs

```
U  W  B  S  V  M  B  X  N  K  N  X  T  F
R  N  E  O  U  R  Y  O  S  B  K  V  U  K
P  F  J  B  Z  R  A  X  X  S  P  W  R  F
R  U  Z  R  S  E  F  P  P  U  L  K  I  U
L  M  B  A  I  L  N  O  K  G  Á  T  S  T
V  E  A  Z  D  A  R  T  V  B  V  K  T  B
J  N  L  K  K  X  Y  Á  K  A  A  Z  I  A
H  I  E  X  M  A  B  P  O  S  N  O  K  L
T  E  N  I  S  Č  O  A  N  K  I  I  A  A
K  E  M  P  Z  N  L  N  Í  E  E  N  E  M
I  L  P  O  V  Ý  O  I  Č  T  H  S  X  Z
I  U  D  T  P  W  V  E  K  B  K  H  H  W
T  L  A  S  H  I  Z  Z  Y  A  E  D  M  U
B  O  V  O  L  E  J  B  A  L  G  O  L  F
```

UMENIE	OBRAZ
BEJZBAL	RYBOLOV
BASKETBAL	POTÁPANIE
BOXU	TURISTIKA
KEMP	RELAXAČNÝ
FUTBAL	SURFOVANIE
GOLF	TENIS
PLÁVANIE	VOLEJBAL
KONÍČKY	

91 - Livres

```
J  S  L  R  B  E  K  I  B  E  Z  Č  N  P
P  G  I  B  O  Z  M  K  S  V  B  I  R  R
R  F  T  W  D  Z  E  P  O  S  I  T  H  Í
Í  B  E  C  R  A  P  J  G  T  E  A  U  B
S  É  R  I  A  E  L  R  N  L  R  T  M  E
L  B  Á  S  E  Ň  X  S  Á  L  K  E  O  H
U  T  R  R  F  E  O  W  U  V  A  Ľ  R  P
Š  K  N  R  O  M  Á  N  U  L  A  F  N  O
N  X  Y  L  U  F  X  Y  Y  J  T  Č  Ý  É
Ý  I  D  U  A  L  I  T  A  U  T  O  R  Z
H  I  S  T  O  R  I  C  K  Ý  P  J  E  I
V  Y  N  A  L  I  E  Z  A  V  Ý  L  P  A
Y  R  U  K  O  N  T  E  X  T  W  C  H  B
S  T  R  A  N  A  T  R  A  G  I  C  K  Ý
```

AUTOR	LITERÁRNY
ZBIERKA	ROZPRÁVAČ
KONTEXT	STRANA
DUALITA	PRÍSLUŠNÝ
EPOS	BÁSEŇ
PRÍBEH	POÉZIA
HISTORICKÝ	ROMÁN
HUMORNÝ	SÉRIA
VYNALIEZAVÝ	TRAGICKÝ
ČITATEĽ	

92 - Pays #2

```
R U S K O S O M Á L S K O P
F G P A K I S T A N U E T E
J A M A J K A D S J D Ň R I
I N D O N É Z I A M Á A E G
P D F T L L Z P D Á N S K O
H A I T I A I Y U T S K U N
T R G P O K O B J J V G K I
N K O X C D I S A K L R R G
A L B Á N S K O P N K X A G
M E X I K O F S O J O T J V
W Z F B O J Č Ý N I F N I J
F Z S E V P Í R S K O F N E
H R D J J U N I K M Z F A S
M A W T P Z A A O K V K K C
```

ALBÁNSKO	LIBANON
ČÍNA	MEXIKO
DÁNSKO	UGANDA
HAITI	PAKISTAN
INDONÉZIA	RUSKO
ÍRSKO	SOMÁLSKO
JAMAJKA	SUDÁN
JAPONSKO	SÝRIA
KEŇA	UKRAJINA
LAOS	

93 - Fournitures d'Art

```
H  L  E  P  I  D  L  O  R  V  Z  V  W  T
F  L  Y  J  G  J  Y  A  M  O  B  D  B  V
O  A  I  D  U  Y  H  Z  G  D  L  Y  X  O
T  K  U  N  M  A  K  Z  P  A  P  I  E  R
O  V  H  G  A  S  T  O  L  I  Č  K  A  I
A  A  L  T  A  B  U  Ľ  K  A  K  G  K  V
P  R  I  K  C  I  B  H  S  A  V  T  R  O
A  E  E  E  E  K  P  A  S  T  E  L  Y  S
R  L  E  F  R  O  J  A  O  R  O  E  L  Ť
Á  Y  A  Y  U  E  L  G  I  A  V  J  F  F
T  P  K  P  Z  T  V  E  V  M  Y  U  A  Z
J  F  W  Y  K  X  O  R  J  E  G  U  R  N
W  Z  H  O  Y  Y  A  G  K  N  B  C  B  C
E  N  Á  P  A  D  Y  V  G  T  D  P  Y  L
```

AKRYL	CERUZKY
AKVARELY	TVORIVOSŤ
HLINA	VODA
KEFY	ATRAMENT
FOTOAPARÁT	GUMA
STOLIČKA	OLEJ
UHLIE	NÁPADY
STOJAN	PAPIER
LEPIDLO	PASTELY
FARBY	TABUĽKA

94 - Jouets

```
L O Z D N P A S T E L K Y B
O O I C Á R U R E M E S L Á
B R P S K E T O U A N U N B
Ľ X O T L D O B J X Y H E I
Ú D T M A S U O N T V S V K
B H B B D T L T L W H X I A
E H L I N A L I E T A D L O
N V C C É V L A K N I H Y H
Ý B T Y A I G L Z Š I E Z Á
N I Y K U V F G S E A T E D
T C H E T O A V L F G C H A
B I G L O S R K C O O J H N
H E A N M Ť B S U R Ď N E K
R H R Y R D Y E B A A O M A
```

HLINA	HRY
REMESLÁ	KNIHY
LIETADLO	FARBY
LOPTA	BÁBIKA
LOĎ	HÁDANKA
NÁKLADNÉ AUTO	ROBOT
PASTELKY	BICIE
ŠACH	VLAK
OBĽÚBENÝ	BICYKEL
PREDSTAVIVOSŤ	AUTO

95 - Eau

```
O U U U X J G S H O O O U B
V D Á Ž Ď C W G S P R C H A
L G P Ľ H U R I K Á N E Z I
N Z K A N Á L I C F O Á A F
Y Y E D R I E K A T M N V E
P Y I P F O G F D E W S L K
D L C A V H V J O W A A A V
V L H K O S Ť A S N O M Ž T
L B M R Á Z P Z N Z X O O M
H G E J Z Í R E E I D N V A
K H G R B O Ú R H C E Z A D
Ý B S K Z I D O B F D Ú N L
B C G B R M F X G W E N I A
P P A R A K J X E D Y F E N
```

KANÁL	ZAVLAŽOVANIE
SPRCHA	JAZERO
ODPAROVANIE	MONZÚN
RIEKA	SNEH
PRÚD	OCEÁN
MRÁZ	HURIKÁN
GEJZÍR	DÁŽĎ
ĽAD	VLNY
VLHKÝ	PARA
VLHKOSŤ	

96 - Paysages

```
T C Y W J T L Ľ V W G M M O
Ú S T I E U S A O T A U O Á
D E Z R Z N K D D T T C Č Z
V O S L O D M O O R H S I A
I R Y V R R O V P L Á Ž A O
J K C G Z A R E Á E G I R S
N A M H A N E C D J C Ú O T
L R Z J A S K Y Ň A N D S R
G J N E P O L O S T R O V O
R L B B R R Z R A S G L C V
I U J F S O P K A Z Y I S E
E F N P H P L N L Z W E D O
K I G E J Z Í R O C E Á N K
A P Ú Š Ť U R X S N D F K R
```

VODOPÁD	MOČIAR
KOPEC	MORE
PÚŠŤ	VRCH
ÚSTIE	OÁZA
RIEKA	OCEÁN
GEJZÍR	POLOSTROV
JASKYŇA	PLÁŽ
ĽADOVEC	TUNDRA
OSTROV	ÚDOLIE
JAZERO	SOPKA

97 - Nombres

```
P D H O Y P C T P I U Y E P
R E V M P Ä F Z I O S B W K
L V U A M Ť Š E S T N Á S Ť
A Ä L E D K S F Š X U K E P
G Ť W S L S D F T T B S D Ä
Š E S Ť D O A K R R Y T E T
U Y P O S E M Ť I A W R M N
B Z R S E D E M N Á S Ť I Á
C H D E V Ä T N Á S Ť U M S
N F J M D V A U S V L T R Ť
Š T R N Á S Ť L Ť A Y O R A
G B B Á D E S A T I N N É I
R D E S A Ť D V A N Á S Ť M
I J L Ť R V G X H H F U F R
```

PÄŤ
DVA
DESATINNÉ
DESAŤ
OSEMNÁSŤ
DEVÄTNÁSŤ
SEDEMNÁSŤ
DVANÁSŤ
OSEM
DEVÄŤ

ŠTRNÁSŤ
ŠTYRI
PÄTNÁSŤ
ŠESTNÁSŤ
SEDEM
ŠESŤ
TRINÁSŤ
TRI
DVADSAŤ
NULA

98 - Nature

```
T  J  Z  V  I  E  R  A  T  Á  X  Ľ  O  B
R  Z  Ú  I  X  Z  R  H  O  R  Y  A  B  M
O  A  T  T  W  U  B  Ó  A  B  E  D  L  E
P  Y  E  Á  K  V  Y  U  Z  V  O  O  A  I
I  R  S  L  D  J  N  N  A  I  Č  V  K  L
C  D  Y  N  A  M  I  C  K  Ý  A  E  Y  A
K  A  C  Y  U  V  U  E  L  K  Y  C  L  B
Ý  R  R  P  D  M  W  K  D  E  E  U  Í  Y
H  T  I  K  R  Á  S  A  Y  O  H  R  S  L
H  S  V  Ä  T  Y  Ň  A  J  B  M  I  T  E
J  G  F  V  D  I  V  O  K  Ý  L  E  I  S
G  X  B  M  J  U  C  J  W  J  A  K  E  A
P  O  K  O  J  N  Ý  K  H  I  E  A  C  A
U  A  B  N  F  J  B  U  Ý  P  Ú  Š  Ť  G
```

VČELY	RIEKA
ZVIERATÁ	LES
ARKTICKÝ	ĽADOVEC
KRÁSA	HORY
HMLA	OBLAKY
PÚŠŤ	SVÄTYŇA
DYNAMICKÝ	DIVOKÝ
ERÓZIA	POKOJNÝ
ÚTESY	TROPICKÝ
LÍSTIE	VITÁLNY

99 - Bateaux

```
N D X P U F C R M M Z H Z F
P Á P W U M Z W K O A F E W
O M M X H O V I A T Z H F N
S C L O Z V I K P O F V N Á
Á C E A R A F T K R W R X M
D T O Á N N T R A J E K T O
K M O O N O Í H J T J O S R
A J A Z E R O K A M T T T N
P R Í L I V Y A K W N V O Ý
J I V L N Y K N B Ó J A Ž C
L E M O R E D O E R X I I H
W K B R D N L E O B P A A E
V A J A C H T A P T Y F R C
P L A C H E T N I C A X Z M
```

KOTVA
BÓJA
KANOE
LANO
POSÁDKA
TRAJEKT
RIEKA
KAJAK
JAZERO
PRÍLIV

NÁMORNÍK
STOŽIAR
MORE
MOTOR
NÁMORNÝCH
OCEÁN
RAFT
VLNY
PLACHETNICA
JACHTA

100 - Mesures

```
V U G T Y S P A L E C H D V
W N R D O W N K I Y D Š E Ý
R C A C E N P K T P F Í S Š
I A M I N Ú T A E Z M R A K
H M O T N O S Ť R X K K T A
H Ĺ B K A U B A J T I A I O
T J A D Ĺ Ž K A G A L G N S
C E N T I M E T E R O W N T
E V K L J H Z G O I M M É U
O X W N A J J O Y O E T E P
P O L L I T E R M E T E R E
T Z D I K S R O H P E Y C Ň
Z R U T C K I L O G R A M B
X G H I F F S L L T N M R G
```

CENTIMETER
STUPEŇ
DESATINNÉ
GRAM
VÝŠKA
KILOGRAM
KILOMETER
ŠÍRKA
LITER
DĹŽKA

METER
MINÚTA
BAJT
UNCA
POLLITER
HMOTNOSŤ
PALEC
HĹBKA
TON

1 - Été

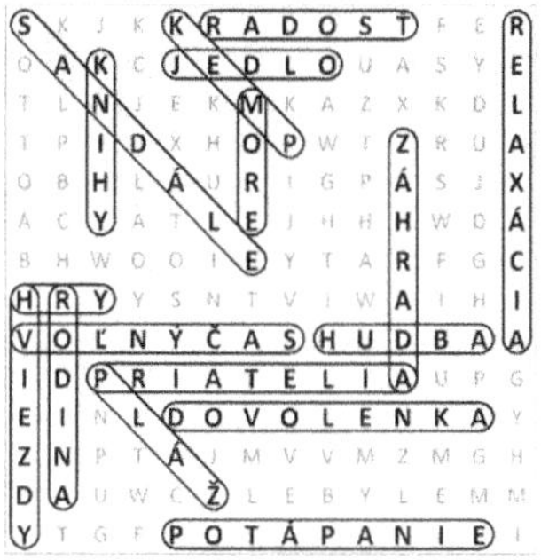

2 - Adjectifs #2

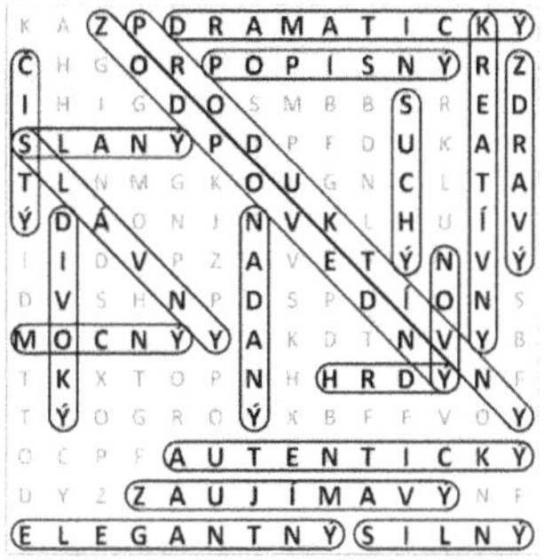

3 - Exploration

4 - Formes

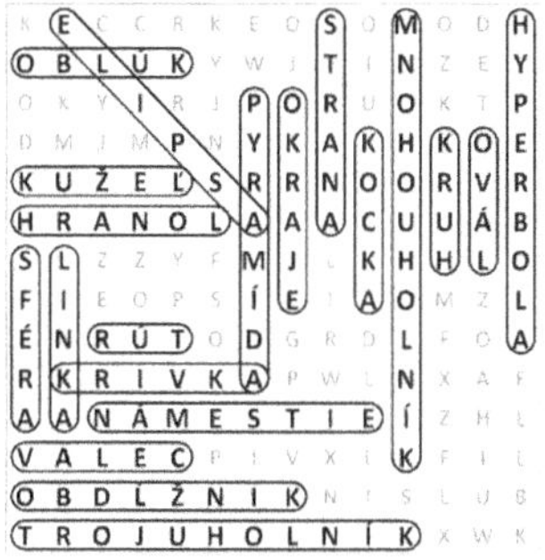

5 - Salle de Bains

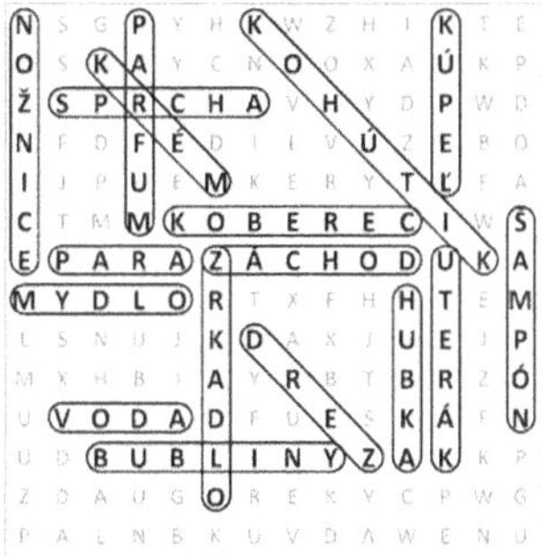

6 - Adjectifs #1

7 - Instruments de Musique

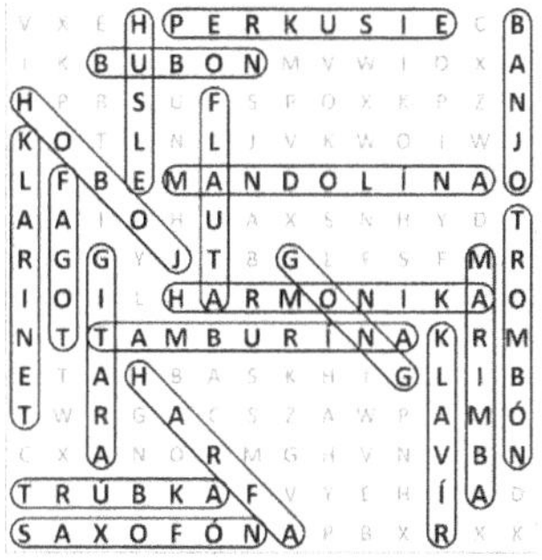

8 - Échecs

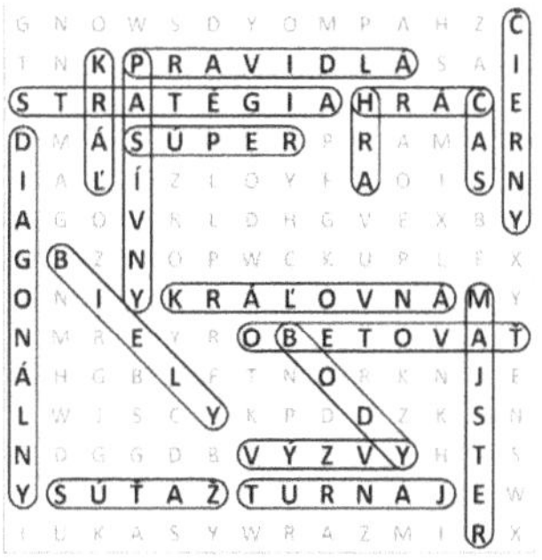

9 - Herboristerie

10 - Véhicules

11 - Camping

12 - Conservation

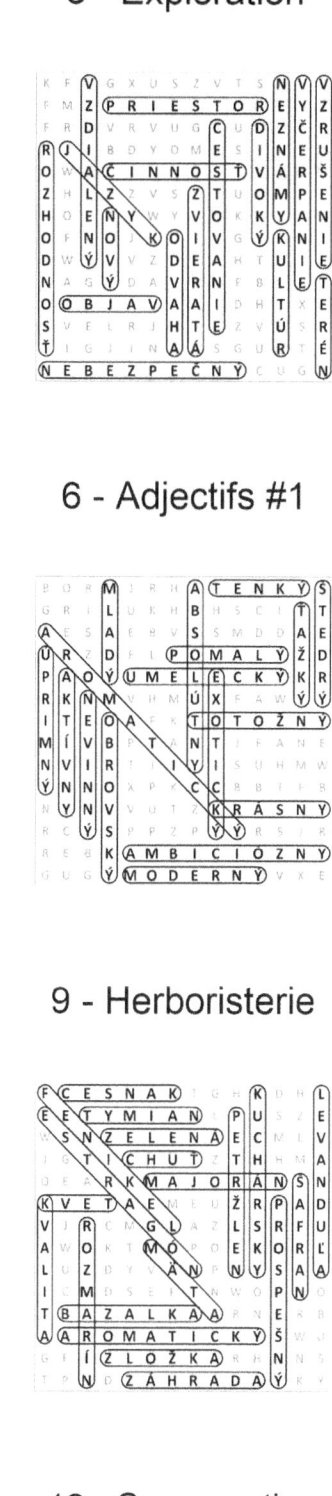

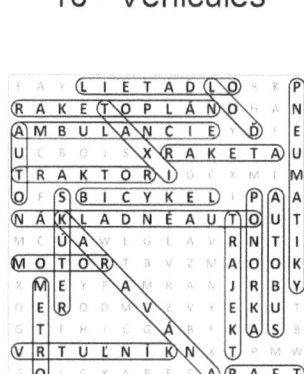

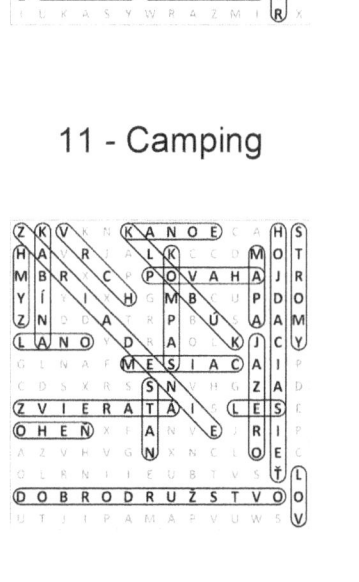

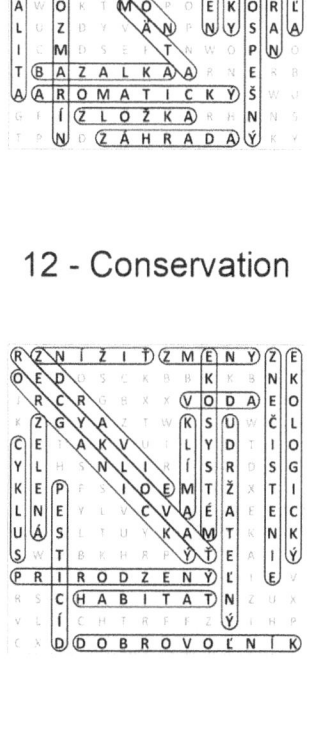

13 - Écologie

14 - Astronomie

15 - Types de Cheveux

16 - Restaurant #1

17 - Mammifères

18 - Sports

19 - Chocolat

20 - Mathématiques

21 - Mythologie

22 - Restaurant #2

23 - Couleurs

24 - Avions

25 - Aventure

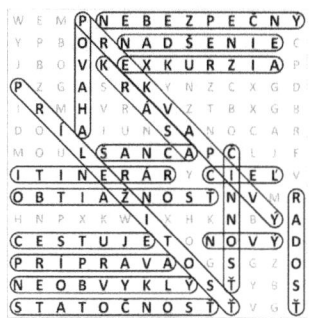

26 - Ville

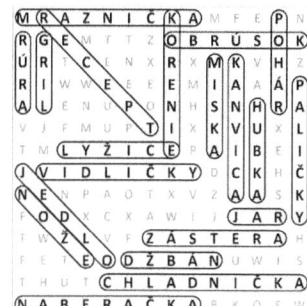

27 - Cuisine

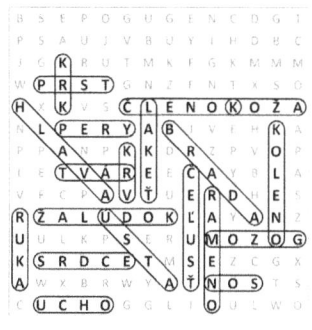

28 - Corps Humain

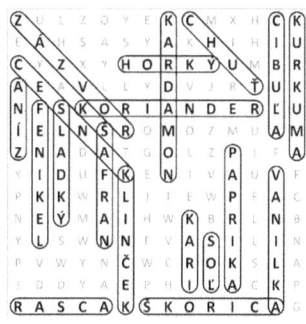

29 - Épices

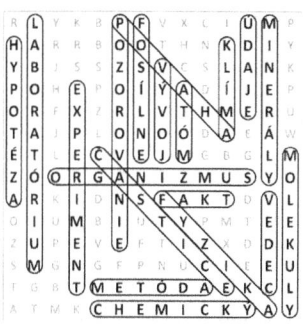

30 - Science

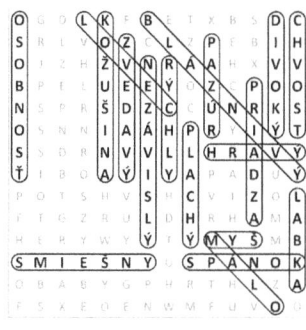

31 - Chats

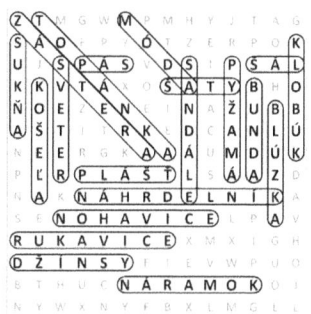

32 - Vêtements

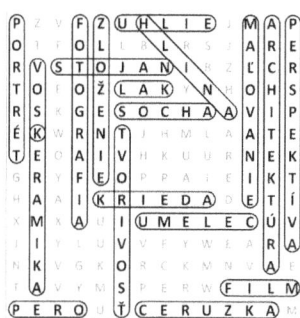

33 - Arts Visuels

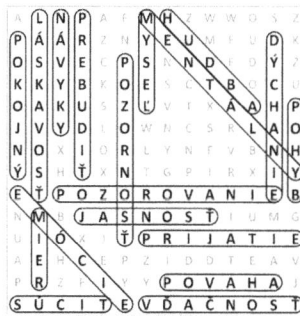

34 - Méditation

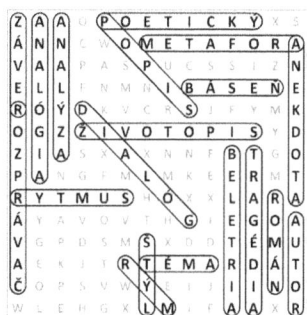

35 - Littérature

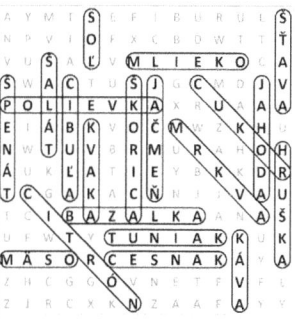

36 - Nourriture #1

37 - Jours et Mois

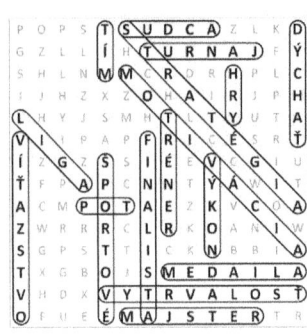

38 - Championnat

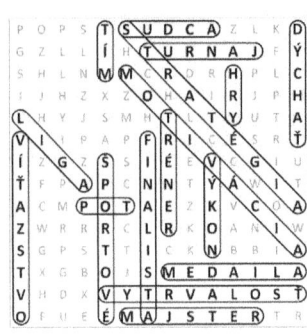

39 - Pirates

40 - Activités

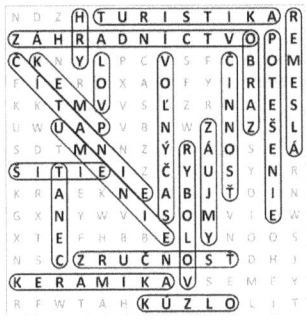

41 - Fleurs

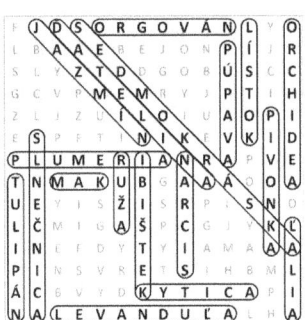

42 - Nourriture #2

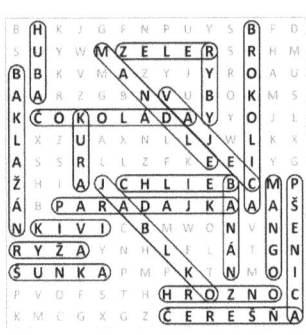

43 - Océan

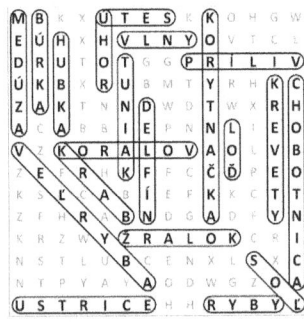

44 - Remplir

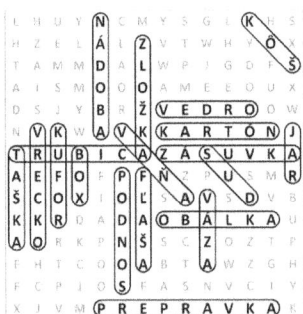

45 - Ballet

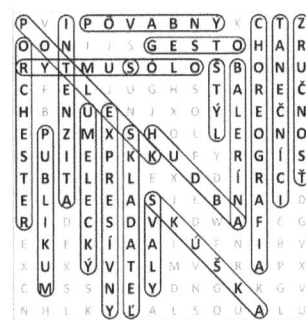

46 - Fruit

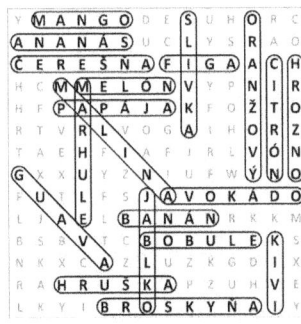

47 - Surf

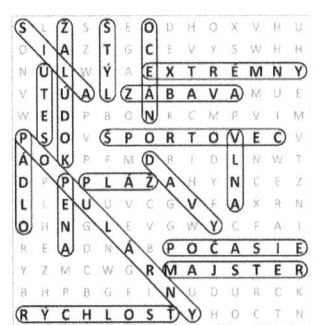

48 - Technologie

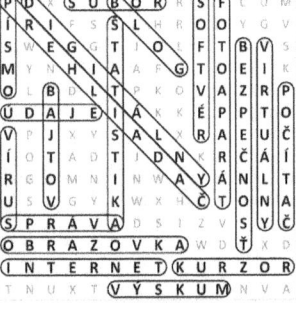

49 - Météo

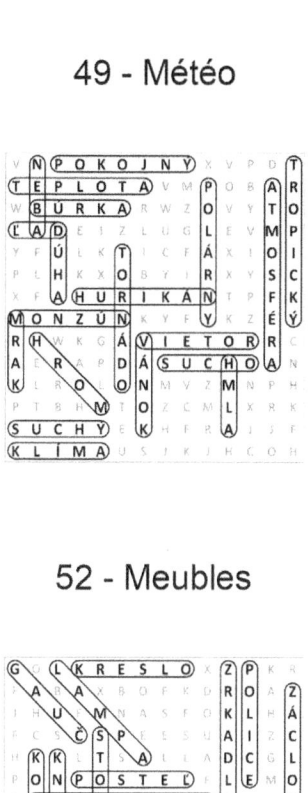

50 - Châteaux

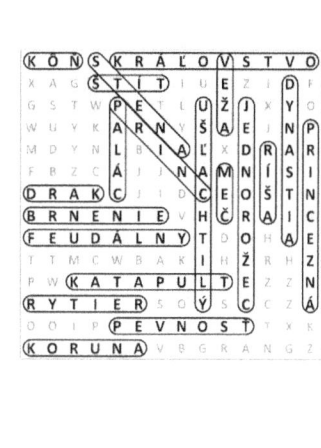

51 - Randonnée

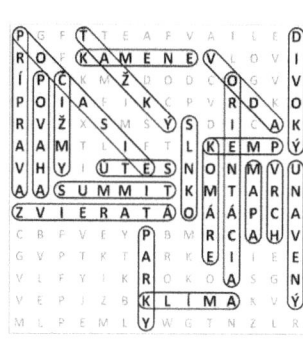

52 - Meubles

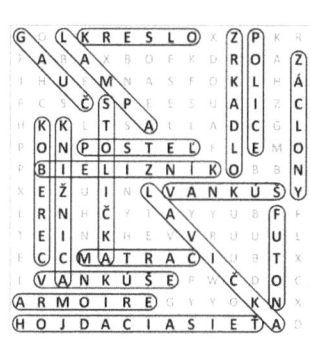

53 - Art

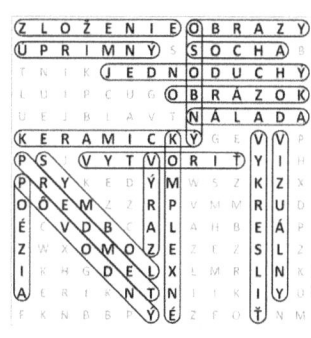

54 - Nutrition

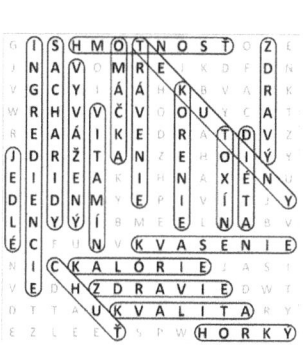

55 - Science Fiction

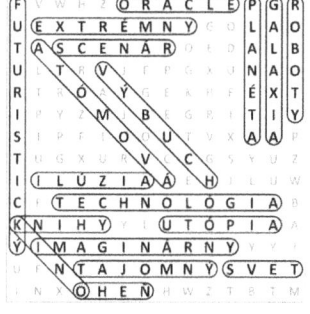

56 - Vertus #1

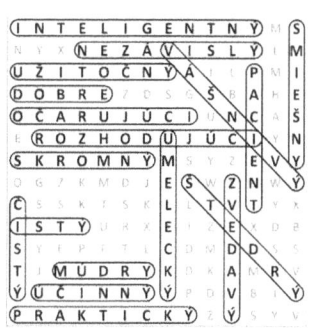

57 - Professions #1

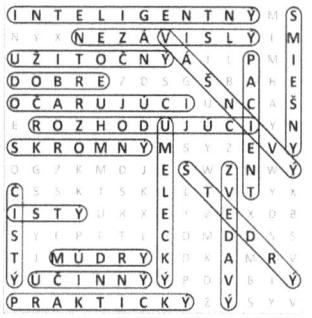

58 - Géologie

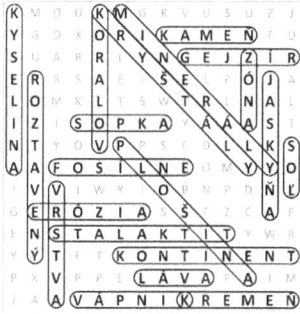

59 - Cirque

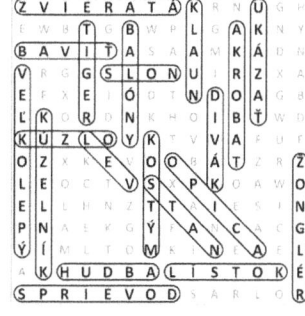

60 - Jardin

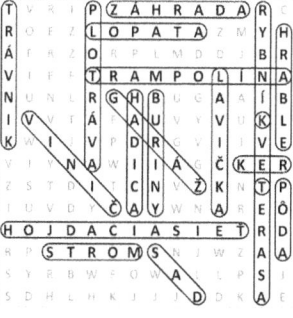

61 - Barbecues

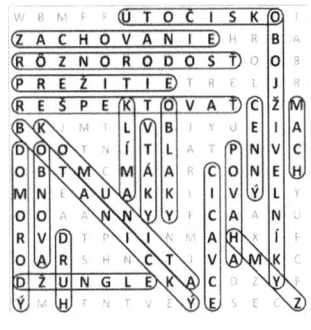

62 - Anniversaire

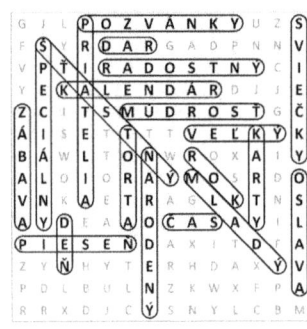

63 - Animaux de Compagnie

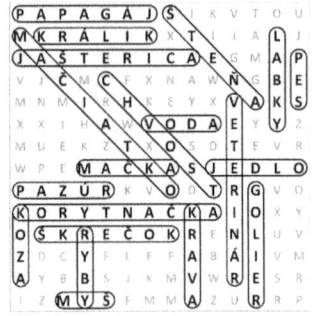

64 - Forêt Tropicale

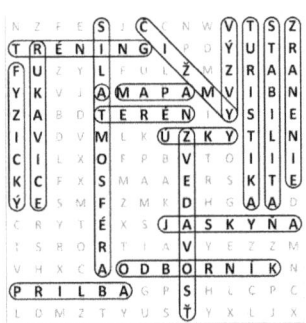

65 - Insectes

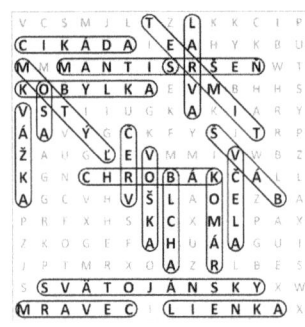

66 - Ferme #1

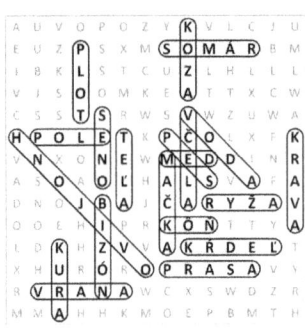

67 - Escalade

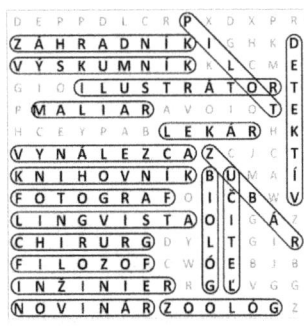

68 - École #2

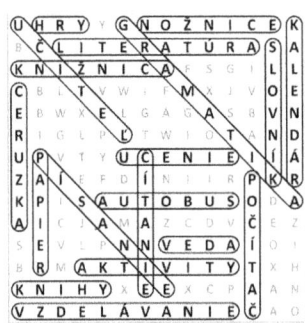

69 - Antarctique

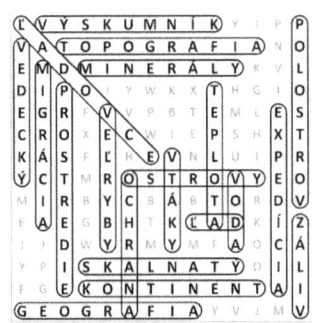

70 - Professions #2

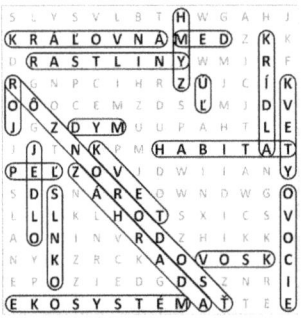

71 - Les Abeilles

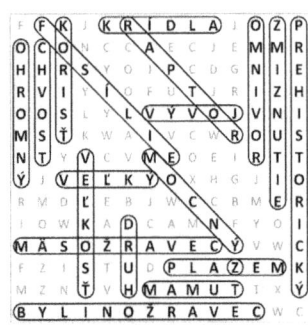

72 - Dinosaures

73 - Conduite

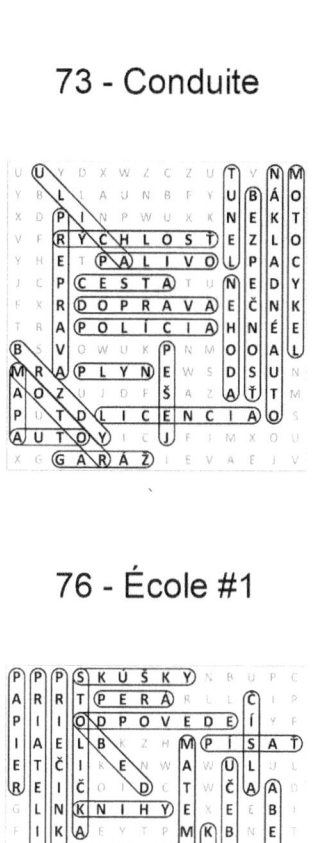

74 - Plantes

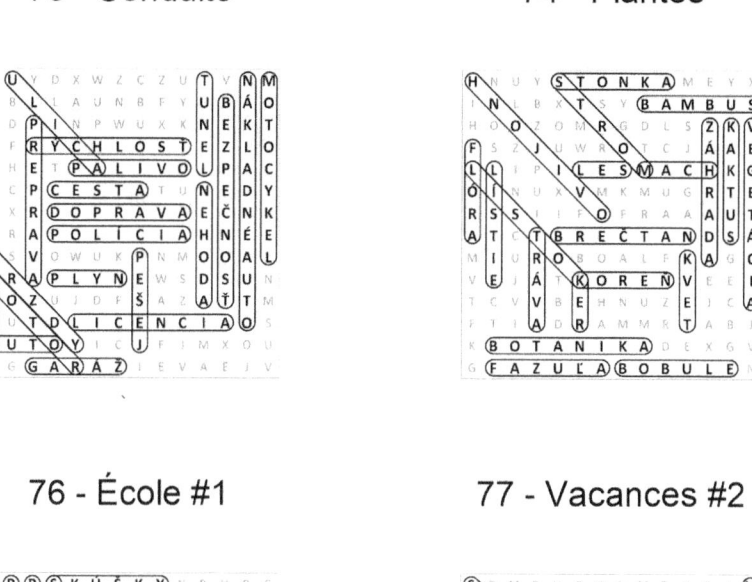

75 - Ferme #2

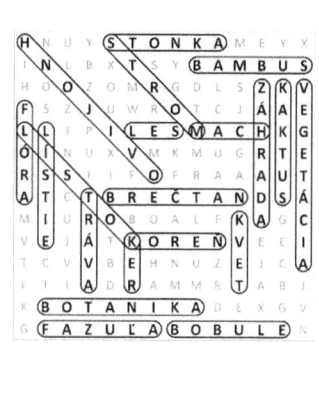

76 - École #1

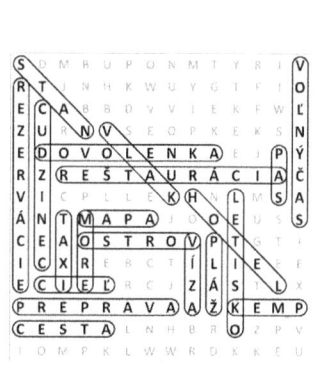

77 - Vacances #2

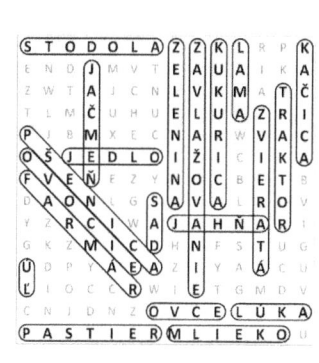

78 - Temps

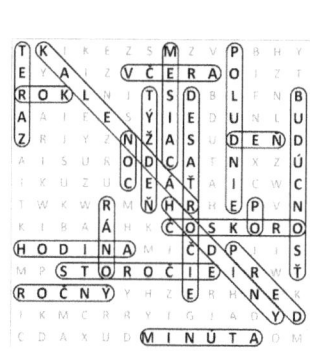

79 - Maison

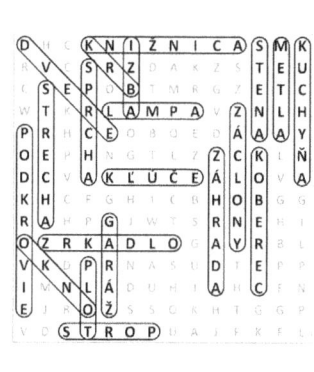

80 - Légumes

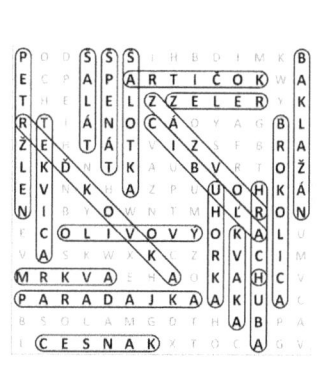

81 - Plage

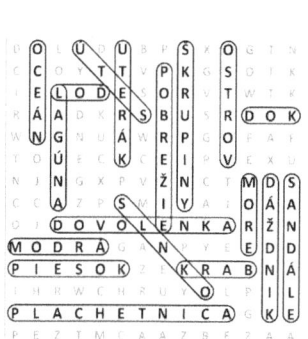

82 - Vacances #1

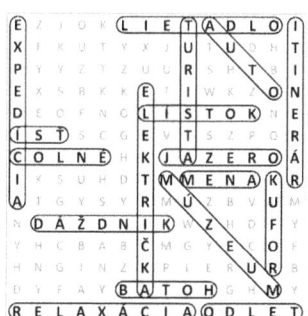

83 - Famille

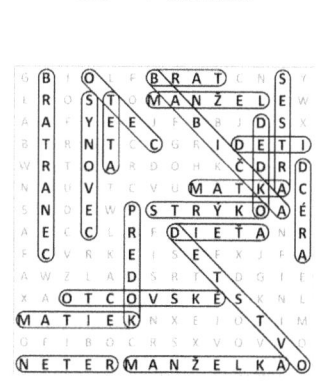

84 - Oiseaux

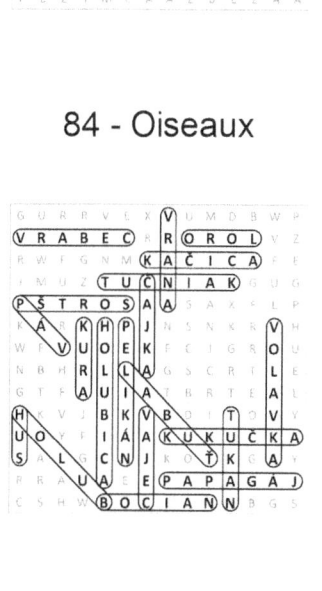

85 - Disciplines Scientifiques

86 - Émotions

87 - Géographie

88 - Danse

89 - Bâtiments

90 - Activités et Loisirs

91 - Livres

92 - Pays #2

93 - Fournitures d'Art

94 - Jouets

95 - Eau

96 - Paysages

97 - Nombres

98 - Nature

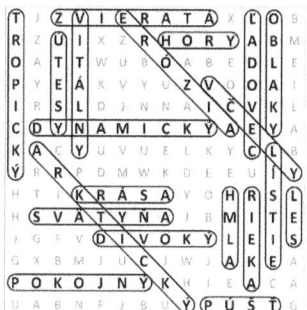

99 - Bateaux

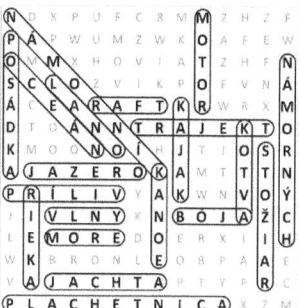

100 - Mesures

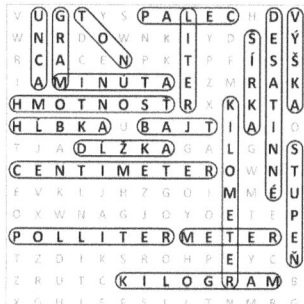

Dictionnaire

Activités
Činnosti

Activité	Činnosť
Art	Umenie
Artisanat	Remeslá
Camping	Kemp
Céramique	Keramika
Chasse	Lov
Compétence	Zručnosť
Couture	Šitie
Danse	Tanec
Intérêts	Záujmy
Jardinage	Záhradníctvo
Jeux	Hry
Lecture	Čítanie
Loisir	Voľný Čas
Magie	Kúzlo
Peinture	Obraz
Pêche	Rybolov
Plaisir	Potešenie
Randonnée	Turistika
Relaxation	Relaxácia

Activités et Loisirs
Aktivity a Voľný Čas

Art	Umenie
Base-Ball	Bejzbal
Basket-Ball	Basketbal
Boxe	Boxu
Camping	Kemp
Football	Futbal
Golf	Golf
Jardinage	Záhradníctvo
Nager	Plávanie
Passe-Temps	Koníčky
Peinture	Obraz
Pêche	Rybolov
Plongée	Potápanie
Randonnée	Turistika
Relaxant	Relaxačný
Surf	Surfovanie
Tennis	Tenis
Volley-Ball	Volejbal
Voyage	Cestovanie

Adjectifs #1
Prídavné Mená #1

Absolu	Absolútny
Actif	Aktívny
Ambitieux	Ambiciózny
Aromatique	Aromatický
Artistique	Umelecký
Attractif	Atraktívny
Beau	Krásny
Exotique	Exotický
Énorme	Obrovský
Généreux	Štedrý
Honnête	Úprimný
Identique	Totožný
Important	Dôležitý
Innocent	Nevinný
Jeune	Mladý
Lent	Pomalý
Lourd	Ťažký
Mince	Tenký
Moderne	Moderný
Parfait	Dokonalý

Adjectifs #2
Prídavné Mená #2

Authentique	Autentický
Célèbre	Slávny
Créatif	Kreatívny
Descriptif	Popisný
Doué	Nadaný
Dramatique	Dramatický
Élégant	Elegantný
Fier	Hrdý
Fort	Silný
Intéressant	Zaujímavý
Naturel	Prirodzený
Nouveau	Nový
Productif	Produktívny
Puissant	Mocný
Pur	Čistý
Responsable	Zodpovedný
Sain	Zdravý
Salé	Slaný
Sauvage	Divoký
Sec	Suchý

Animaux de Compagnie
Domáce Zvieratá

Chat	Mačka
Chaton	Mačiatko
Chèvre	Koza
Chien	Pes
Chiot	Šteňa
Collier	Golier
Eau	Voda
Griffes	Pazúr
Hamster	Škrečok
Lapin	Králik
Lézard	Jašterica
Nourriture	Jedlo
Pattes	Labky
Perroquet	Papagáj
Poisson	Ryby
Queue	Chvost
Souris	Myš
Tortue	Korytnačka
Vache	Krava
Vétérinaire	Veterinár

Anniversaire
Narodeniny

Amis	Priatelia
Amusement	Zábava
Année	Rok
Bougies	Sviečky
Cadeau	Dar
Calendrier	Kalendár
Cartes	Karty
Chanson	Pieseň
Fête	Oslava
Gâteau	Torta
Heureux	Šťastný
Invitations	Pozvánky
Jeune	Mladý
Jour	Deň
Joyeux	Radostný
Né	Narodený
Sagesse	Múdrosť
Spécial	Špeciálny
Super	Veľký
Temps	Čas

Antarctique
Antarktída

Baie	Záliv
Baleines	Veľryby
Chercheur	Výskumník
Conservation	Ochrana
Continent	Kontinent
Eau	Voda
Environnement	Prostredie
Expédition	Expedícia
Géographie	Geografia
Glace	Ľad
Glaciers	Ľadovce
Îles	Ostrovy
Migration	Migrácia
Minéraux	Minerály
Oiseaux	Vtáky
Péninsule	Polostrov
Rocheux	Skalnatý
Scientifique	Vedecký
Température	Teplota
Topographie	Topografia

Art
Umenie

Céramique	Keramický
Complexe	Komplexné
Composition	Zloženie
Créer	Vytvoriť
Dépeindre	Vykresliť
Expression	Výraz
Figure	Obrázok
Honnête	Úprimný
Humeur	Nálada
Inspiré	Inšpirovaný
Original	Pôvodný
Peintures	Obrazy
Personnel	Osobný
Poésie	Poézia
Sculpture	Socha
Simple	Jednoduchý
Sujet	Predmet
Surréalisme	Surrealizmus
Symbole	Symbol
Visuel	Vizuálny

Arts Visuels
Vizuálne Umenie

Architecture	Architektúra
Argile	Hlina
Artiste	Umelec
Céramique	Keramika
Charbon	Uhlie
Chevalet	Stojan
Cire	Vosk
Composition	Zloženie
Craie	Krieda
Crayon	Ceruzka
Créativité	Tvorivosť
Film	Film
Peinture	Maľovanie
Perspective	Perspektíva
Photographie	Fotografia
Portrait	Portrét
Sculpture	Socha
Stylo	Pero
Vernis	Lak

Astronomie
Astronómia

Astéroïde	Asteroid
Astronaute	Astronaut
Astronome	Astronóm
Ciel	Neba
Constellation	Súhvezdie
Cosmos	Kozmos
Éclipse	Zatmenie
Équinoxe	Rovnodennosť
Fusée	Raketa
Galaxie	Galaxia
Lune	Mesiac
Météore	Meteor
Nébuleuse	Hmlovina
Observatoire	Observatórium
Planète	Planéta
Radiation	Žiarenie
Solaire	Solárny
Supernova	Supernova
Terre	Zem
Univers	Vesmír

Aventure
Dobrodružstvo

Activité	Činnosť
Beauté	Krása
Bravoure	Statočnosť
Chance	Šanca
Dangereux	Nebezpečný
Destination	Cieľ
Difficulté	Obtiažnosť
Enthousiasme	Nadšenie
Excursion	Exkurzia
Inhabituel	Neobvyklý
Itinéraire	Itinerár
Joie	Radosť
Nature	Povaha
Navigation	Navigácia
Nouveau	Nový
Opportunité	Príležitosť
Préparation	Príprava
Sécurité	Bezpečnosť
Surprenant	Prekvapivý
Voyages	Cestuje

Avions
Lietadlá

Air	Vzduch
Atmosphère	Atmosféra
Atterrissage	Pristátie
Aventure	Dobrodružstvo
Ballon	Balón
Carburant	Palivo
Ciel	Neba
Construction	Konštrukcia
Descente	Zostup
Direction	Smer
Équipage	Posádka
Gonfler	Nafúknuť
Hauteur	Výška
Hélices	Vrtule
Histoire	História
Hydrogène	Vodík
Moteur	Motor
Passager	Cestujúci
Pilote	Pilot
Turbulence	Turbulencia

Ballet
Baletné

Applaudissement	Potlesk
Artistique	Umelecký
Ballerine	Balerína
Chorégraphie	Choreografia
Compétence	Zručnosť
Compositeur	Skladateľ
Danseurs	Tanečníci
Expressif	Expresívny
Geste	Gesto
Gracieux	Pôvabný
Intensité	Intenzita
Muscles	Svaly
Musique	Hudba
Orchestre	Orchester
Public	Publikum
Répétition	Skúška
Rythme	Rytmus
Solo	Sólo
Style	Štýl
Technique	Technika

Barbecues
Grilovanie

Chaud	Horúci
Couteaux	Nože
Déjeuner	Obed
Dîner	Večera
Enfants	Deti
Été	Leto
Faim	Hlad
Famille	Rodina
Fruit	Ovocie
Gril	Gril
Jeux	Hry
Légumes	Zelenina
Musique	Hudba
Oignons	Cibuľa
Poivre	Paprika
Poulet	Kura
Salades	Šaláty
Sauce	Omáčka
Sel	Soľ
Tomates	Paradajky

Bateaux
Lode

Ancre	Kotva
Bouée	Bója
Canoë	Kanoe
Corde	Lano
Équipage	Posádka
Ferry	Trajekt
Fleuve	Rieka
Kayak	Kajak
Lac	Jazero
Marée	Príliv
Marin	Námorník
Mât	Stožiar
Mer	More
Moteur	Motor
Nautique	Námorných
Océan	Oceán
Radeau	Raft
Vagues	Vlny
Voilier	Plachetnica
Yacht	Jachta

Bâtiments
Budovy

Appartement	Byt
Atelier	Dielňa
Cabine	Kabína
Château	Hrad
Cinéma	Kino
École	Škola
Garage	Garáž
Grange	Stodola
Hôpital	Nemocnica
Hôtel	Hotel
Laboratoire	Laboratórium
Musée	Múzeum
Observatoire	Observatórium
Stade	Štadión
Supermarché	Supermarket
Tente	Stan
Théâtre	Divadlo
Tour	Veža
Université	Univerzita
Usine	Továreň

Camping
Kempovanie

Animaux	Zvieratá
Arbres	Stromy
Aventure	Dobrodružstvo
Boussole	Kompas
Cabine	Kabína
Canoë	Kanoe
Carte	Mapa
Chapeau	Klobúk
Chasse	Lov
Corde	Lano
Équipement	Zariadenie
Feu	Oheň
Forêt	Les
Hamac	Hojdacia Sieť
Insecte	Hmyz
Lac	Jazero
Lune	Mesiac
Montagne	Vrch
Nature	Povaha
Tente	Stan

Championnat
Majstrovstvá

Champion	Majster
Championnat	Majstrovstvo
Endurance	Vytrvalosť
Entraîneur	Tréner
Équipe	Tím
Finaliste	Finalista
Jeux	Hry
Juge	Sudca
Ligue	Liga
Médaille	Medaila
Motivation	Motivácia
Performance	Výkon
Respirer	Dýchať
Sports	Športové
Stratégie	Stratégia
Tournoi	Turnaj
Transpiration	Pot
Victoire	Víťazstvo

Chats
Mačky

Chasseur	Lovec
Curieux	Zvedavý
Dormir	Spánok
Drôle	Smiešny
Espiègle	Hravý
Fil	Priadza
Fou	Bláznivý
Fourrure	Kožušina
Griffe	Pazúr
Indépendant	Nezávislý
Patte	Labka
Personnalité	Osobnosť
Peu	Málo
Queue	Chvost
Rapide	Rýchly
Sauvage	Divoký
Souris	Myš
Timide	Plachý

Châteaux
Hrady a Zámky

Armure	Brnenie
Bouclier	Štít
Catapulte	Katapult
Cheval	Kôň
Chevalier	Rytier
Couronne	Koruna
Dragon	Drak
Dynastie	Dynastia
Empire	Ríša
Épée	Meč
Féodal	Feudálny
Forteresse	Pevnosť
Licorne	Jednorožec
Mur	Stena
Noble	Ušľachtilý
Palais	Palác
Prince	Princ
Princesse	Princezná
Royaume	Kráľovstvo
Tour	Veža

Chocolat
Čokoláda

Amer	Horký
Antioxydant	Antioxidant
Arôme	Aróma
Artisanal	Remeselné
Bonbon	Cukroví
Cacahuètes	Arašidy
Cacao	Kakao
Calories	Kalórie
Caramel	Karamel
Délicieux	Lahodný
Doux	Sladký
Exotique	Exotický
Favori	Obľúbený
Goût	Chuť
Ingrédient	Zložka
Noix de Coco	Kokosový
Poudre	Prášok
Qualité	Kvalita
Recette	Recept
Sucre	Cukor

Cirque
Cirkus

Acrobate	Akrobat
Animaux	Zvieratá
Ballons	Balóny
Billet	Lístok
Clown	Klaun
Costume	Kostým
Divertir	Baviť
Éléphant	Slon
Jongleur	Žonglér
Lion	Lev
Magicien	Kúzelník
Magie	Kúzlo
Montrer	Ukázať
Musique	Hudba
Parade	Sprievod
Singe	Opica
Spectaculaire	Veľkolepý
Spectateur	Divák
Tente	Stan
Tigre	Tiger

Conduite
Šoférovanie

Accident	Nehoda
Camion	Nákladné Auto
Carburant	Palivo
Carte	Mapa
Freins	Brzdy
Garage	Garáž
Gaz	Plyn
Licence	Licencia
Moteur	Motor
Moto	Motocykel
Piéton	Pešej
Police	Polícia
Route	Cesta
Rue	Ulica
Sécurité	Bezpečnosť
Trafic	Doprava
Transport	Preprava
Tunnel	Tunel
Vitesse	Rýchlosť
Voiture	Auto

Conservation
Zachovanie

Bénévole	Dobrovoľník
Changements	Zmeny
Climat	Klíma
Cycle	Cyklus
Durable	Udržateľný
Eau	Voda
Environnemental	Ekologický
Écosystème	Ekosystém
Éducation	Vzdelávanie
Habitat	Habitat
Naturel	Prirodzený
Organique	Organický
Pesticide	Pesticíd
Pollution	Znečistenie
Recycler	Recyklovať
Réduire	Znížiť
Santé	Zdravie
Vert	Zelená

Corps Humain
Ľudské Telo

Bouche	Ústa
Cerveau	Mozog
Cheville	Členok
Cou	Krk
Coude	Lakeť
Cœur	Srdce
Doigt	Prst
Estomac	Žalúdok
Épaule	Rameno
Genou	Koleno
Lèvres	Pery
Main	Ruka
Mâchoire	Čeľusť
Menton	Brada
Nez	Nos
Oreille	Ucho
Peau	Koža
Sang	Krv
Tête	Hlava
Visage	Tvár

Couleurs
Farby

Beige	Béžová
Blanc	Biely
Bleu	Modrá
Cyan	Azúrová
Fuchsia	Fuchsie
Gris	Sivý
Indigo	Indigo
Jaune	Žltá
Magenta	Purpurová
Marron	Hnedý
Noir	Čierny
Orange	Oranžový
Rose	Ružová
Rouge	Červená
Sépia	Sépia
Vert	Zelená
Violet	Fialová

Cuisine
Kuchyňa

Baguettes	Paličky
Bol	Miska
Bouilloire	Kanvica
Congélateur	Mraznička
Couteaux	Nože
Cruche	Džbán
Cuillères	Lyžice
Épices	Korenie
Éponge	Hubka
Four	Rúra
Fourchettes	Vidličky
Gril	Gril
Louche	Naberačka
Nourriture	Jedlo
Pot	Jar
Recette	Recept
Réfrigérateur	Chladnička
Serviette	Obrúsok
Tablier	Zástera
Tasses	Pohár

Danse
Tancujte

Académie	Akadémia
Art	Umenie
Chorégraphie	Choreografia
Classique	Klasický
Corps	Telo
Culture	Kultúra
Culturel	Kultúrny
Expressif	Expresívny
Émotion	Emócia
Grâce	Milosť
Joyeux	Radostný
Mouvement	Pohyb
Musique	Hudba
Partenaire	Partner
Répétition	Skúška
Rythme	Rytmus
Saut	Skok
Traditionnel	Tradičný
Visuel	Vizuálny

Dinosaures
Dinosaury

Ailes	Krídla
Carnivore	Mäsožravec
Disparition	Zmiznutie
Espèce	Druh
Énorme	Ohromný
Évolution	Vývoj
Fossiles	Fosílie
Grand	Veľký
Herbivore	Bylinožravec
Mammouth	Mamut
Omnivore	Omnivor
Préhistorique	Prehistorický
Proie	Korisť
Puissant	Mocný
Queue	Chvost
Rapace	Raptor
Reptile	Plaz
Taille	Veľkosť
Terre	Zem
Vicieux	Začarovaný

Disciplines Scientifiques
Vedecké Disciplíny

Anatomie	Anatómia
Archéologie	Archeológia
Astronomie	Astronómia
Biochimie	Biochémia
Biologie	Biológia
Botanique	Botanika
Chimie	Chémia
Écologie	Ekológia
Géologie	Geológia
Immunologie	Imunológia
Linguistique	Lingvistika
Mécanique	Mechanika
Météorologie	Meteorológia
Minéralogie	Mineralógia
Neurologie	Neurológia
Physiologie	Fyziológia
Psychologie	Psychológia
Sociologie	Sociológia
Thermodynamique	Termodynamika
Zoologie	Zoológia

Eau
Voda

Canal	Kanál
Douche	Sprcha
Évaporation	Odparovanie
Fleuve	Rieka
Flux	Prúd
Gel	Mráz
Geyser	Gejzír
Glace	Ľad
Humide	Vlhký
Humidité	Vlhkosť
Irrigation	Zavlažovanie
Lac	Jazero
Mousson	Monzún
Neige	Sneh
Océan	Oceán
Ouragan	Hurikán
Pluie	Dážď
Vagues	Vlny
Vapeur	Para

Escalade
Horolezectvo

Atmosphère	Atmosféra
Blessure	Zranenie
Bottes	Čižmy
Carte	Mapa
Casque	Prilba
Curiosité	Zvedavosť
Défis	Výzvy
Expert	Odborník
Étroit	Úzky
Force	Sila
Formation	Tréning
Gants	Rukavice
Grotte	Jaskyňa
Physique	Fyzický
Randonnée	Turistika
Stabilité	Stabilita
Terrain	Terén

Exploration
Prieskum

Activité	Činnosť
Animaux	Zvieratá
Courage	Odvaha
Cultures	Kultúr
Découverte	Objav
Détermination	Rozhodnosť
Espace	Priestor
Excitation	Vzrušenie
Épuisement	Vyčerpanie
Inconnu	Neznámy
Langue	Jazyk
Lointain	Vzdialený
Nouveau	Nový
Périlleux	Nebezpečný
Sauvage	Divoký
Terrain	Terén
Voyage	Cestovanie

Échecs
Šach

Adversaire	Súper
Blanc	Biely
Champion	Majster
Concours	Súťaž
Défis	Výzvy
Diagonal	Diagonálny
Jeu	Hra
Joueur	Hráč
Noir	Čierny
Passif	Pasívny
Points	Body
Reine	Kráľovná
Règles	Pravidlá
Roi	Kráľ
Sacrifice	Obetovať
Stratégie	Stratégia
Temps	Čas
Tournoi	Turnaj

École #1
Škola #1

Alphabet	Abeceda
Amis	Priatelia
Amusement	Zábava
Bibliothèque	Knižnica
Chaise	Stolička
Crayon	Ceruzka
Des Stylos	Perá
Déjeuner	Obed
Dossiers	Priečinky
Enseignant	Učiteľ
Examens	Skúšky
Écrire	Písať
Livres	Knihy
Math	Matematika
Nombres	Čísla
Papier	Papier
Quiz	Kvíz
Réponses	Odpovede
Salle de Classe	Učebňa

École #2
Škola č. 2

Activités	Aktivity
Apprentissage	Učenie
Bibliothèque	Knižnica
Bus	Autobus
Calendrier	Kalendár
Ciseaux	Nožnice
Crayon	Ceruzka
Dictionnaire	Slovník
Enseignant	Učiteľ
Écriture	Písanie
Éducation	Vzdelávanie
Grammaire	Gramatika
Jeux	Hry
Lecture	Čítanie
Littérature	Literatúra
Livres	Knihy
Math	Matematika
Ordinateur	Počítač
Papier	Papier
Science	Veda

Écologie
Ekológia

Bénévoles	Dobrovoľníci
Climat	Klíma
Communautés	Komunity
Diversité	Rôznorodosť
Durable	Udržateľný
Espèce	Druh
Faune	Fauna
Flore	Flóra
Global	Globálny
Habitat	Habitat
Marais	Močiar
Marin	Morský
Montagnes	Hory
Nature	Povaha
Naturel	Prirodzený
Plantes	Rastliny
Ressources	Zdroje
Sécheresse	Sucho
Survie	Prežitie
Végétation	Vegetácia

Émotions
Emócie

Amour	Láska
Calme	Pokojný
Colère	Hnev
Contenu	Obsah
Détendu	Uvoľnený
Ennui	Nuda
Excité	Nadšený
Gentillesse	Láskavosť
Joie	Radosť
Paix	Mier
Peur	Strach
Reconnaissant	Vďačný
Relief	Reliéf
Satisfait	Spokojný
Surprise	Prekvapenie
Sympathie	Sympatie
Tendresse	Neha
Tranquillité	Pokoj
Tristesse	Smútok

Épices
Korenie

Ail	Cesnak
Amer	Horký
Anis	Aníz
Cannelle	Škorica
Cardamome	Kardamon
Coriandre	Koriander
Cumin	Rasca
Curcuma	Kurkuma
Curry	Kari
Doux	Sladký
Fenouil	Fenikel
Gingembre	Zázvor
Girofle	Klinček
Oignon	Cibuľa
Paprika	Paprika
Safran	Šafran
Saveur	Chuť
Sel	Soľ
Vanille	Vanilka

Été
Letné

Amis	Priatelia
Camping	Kemp
Étoiles	Hviezdy
Famille	Rodina
Jardin	Záhrada
Jeux	Hry
Joie	Radosť
Livres	Knihy
Loisir	Voľný Čas
Mer	More
Musique	Hudba
Nourriture	Jedlo
Plage	Pláž
Plongée	Potápanie
Relaxation	Relaxácia
Sandales	Sandále
Vacances	Dovolenka
Voyage	Cestovanie

Famille
Rodinná

Ancêtre	Predok
Cousin	Bratranec
Enfance	Detstvo
Enfant	Dieťa
Enfants	Deti
Femme	Manželka
Fille	Dcéra
Frère	Brat
Grand-Mère	Babička
Grand-Père	Dedko
Mari	Manžel
Maternel	Matiek
Mère	Matka
Neveu	Synovec
Nièce	Neter
Oncle	Strýko
Paternel	Otcovské
Père	Otec
Soeur	Sestra
Tante	Teta

Ferme #1
Farma #1

Abeille	Včela
Âne	Somár
Bison	Bizón
Champ	Pole
Chat	Mačka
Cheval	Kôň
Chèvre	Koza
Chien	Pes
Clôture	Plot
Cochon	Prasa
Corbeau	Vrana
Eau	Voda
Engrais	Hnojivo
Foin	Seno
Miel	Med
Poulet	Kura
Riz	Ryža
Troupeau	Kŕdeľ
Vache	Krava
Veau	Teľa

Ferme #2
Farma # 2

Agneau	Jahňa
Agriculteur	Farmár
Animaux	Zvieratá
Berger	Pastier
Blé	Pšenica
Canard	Kačica
Fruit	Ovocie
Grange	Stodola
Irrigation	Zavlažovanie
Lait	Mlieko
Lama	Lama
Légume	Zelenina
Maïs	Kukurica
Mouton	Ovce
Nourriture	Jedlo
Orge	Jačmeň
Pré	Lúka
Ruche	Úľ
Tracteur	Traktor
Verger	Sad

Fleurs
Kvety

Bouquet	Kytica
Gardénia	Gardénia
Hibiscus	Ibištek
Jasmin	Jazmín
Jonquille	Narcis
Lavande	Levanduľa
Lilas	Orgován
Lys	Ľalia
Magnolia	Magnólia
Marguerite	Sedmokráska
Orchidée	Orchidea
Pavot	Mak
Pétale	Lístok
Pissenlit	Púpava
Pivoine	Pivonka
Plumeria	Plumeria
Rose	Ruža
Tournesol	Slnečnica
Trèfle	Ďatelina
Tulipe	Tulipán

Forêt Tropicale
Dažďový Prales

Amphibiens	Obojživelníky
Botanique	Botanický
Climat	Klíma
Communauté	Komunita
Diversité	Rôznorodosť
Espèce	Druh
Indigène	Domorodý
Insectes	Hmyz
Jungle	Džungle
Mammifères	Cicavce
Mousse	Mach
Nature	Povaha
Nuage	Oblaky
Oiseaux	Vtáky
Précieux	Cenný
Préservation	Zachovanie
Refuge	Útočisko
Respect	Rešpektovať
Restauration	Obnova
Survie	Prežitie

Formes
Tvary

Arc	Oblúk
Bords	Okraje
Carré	Námestie
Cercle	Kruh
Coin	Rút
Courbe	Krivka
Cône	Kužeľ
Côté	Strana
Cube	Kocka
Cylindre	Valec
Ellipse	Elipsa
Hyperbole	Hyperbola
Ligne	Linka
Ovale	Ovál
Polygone	Mnohouholník
Prisme	Hranol
Pyramide	Pyramída
Rectangle	Obdĺžnik
Sphère	Sféra
Triangle	Trojuholník

Fournitures d'Art
Umelecké Potreby

Acrylique	Akryl
Aquarelles	Akvarely
Argile	Hlina
Brosses	Kefy
Caméra	Fotoaparát
Chaise	Stolička
Charbon	Uhlie
Chevalet	Stojan
Colle	Lepidlo
Couleurs	Farby
Crayons	Ceruzky
Créativité	Tvorivosť
Eau	Voda
Encre	Atrament
Gomme	Guma
Huile	Olej
Idées	Nápady
Papier	Papier
Pastels	Pastely
Table	Tabuľka

Fruit
Ovocie

Abricot	Marhule
Ananas	Ananás
Avocat	Avokádo
Baie	Bobule
Banane	Banán
Cerise	Čerešňa
Citron	Citrón
Figue	Figa
Framboise	Malina
Goyave	Guava
Kiwi	Kivi
Mangue	Mango
Melon	Melón
Orange	Oranžový
Papaye	Papája
Pêche	Broskyňa
Poire	Hruška
Pomme	Jablko
Prune	Slivka
Raisin	Hrozno

Géographie
Geografia

Atlas	Atlas
Carte	Mapa
Continent	Kontinent
Équateur	Rovník
Fleuve	Rieka
Hémisphère	Hemisféra
Île	Ostrov
Longitude	Logitude
Mer	More
Méridien	Poludník
Monde	Svet
Montagne	Vrch
Nord	Sever
Océan	Oceán
Ouest	Západ
Pays	Krajina
Région	Región
Sud	Juh
Territoire	Územie
Ville	Mesto

Géologie
Geológia

Acide	Kyselina
Calcium	Vápnik
Caverne	Jaskyňa
Continent	Kontinent
Corail	Koralov
Couche	Vrstva
Cristaux	Kryštály
Érosion	Erózia
Fondu	Roztavený
Fossile	Fosílne
Geyser	Gejzír
Lave	Láva
Minéraux	Minerály
Pierre	Kameň
Plateau	Plošina
Quartz	Kremeň
Sel	Soľ
Stalactite	Stalaktit
Volcan	Sopka
Zone	Zóna

Herboristerie
Bylinkárstvo

Ail	Cesnak
Aromatique	Aromatický
Basilic	Bazalka
Bénéfique	Prospešný
Culinaire	Kuchársky
Estragon	Estragón
Fenouil	Fenikel
Fleur	Kvet
Ingrédient	Zložka
Jardin	Záhrada
Lavande	Levanduľa
Marjolaine	Majorán
Menthe	Mäta
Persil	Petržlen
Qualité	Kvalita
Romarin	Rozmarín
Safran	Šafran
Saveur	Chuť
Thym	Tymian
Vert	Zelená

Insectes
Hmyz

Abeille	Včela
Cafard	Šváb
Cigale	Cikáda
Coccinelle	Lienka
Criquet	Svätojánsky
Fourmi	Mravec
Frelon	Sršeň
Guêpe	Osa
Larve	Larva
Libellule	Vážka
Mante	Mantis
Moustique	Komár
Papillon	Motýľ
Puce	Blcha
Puceron	Voška
Sauterelle	Kobylka
Scarabée	Chrobák
Termite	Termit
Ver	Červ

Instruments de Musique
Hudobné Nástroje

Banjo	Banjo
Basson	Fagot
Clarinette	Klarinet
Flûte	Flauta
Gong	Gong
Guitare	Gitara
Harmonica	Harmonika
Harpe	Harfa
Hautbois	Hoboj
Mandoline	Mandolína
Marimba	Marimba
Percussion	Perkusie
Piano	Klavír
Saxophone	Saxofón
Tambour	Bubon
Tambourin	Tamburína
Trombone	Trombón
Trompette	Trúbka
Violon	Husle
Violoncelle	Violončelo

Jardin
Záhradný

Arbre	Strom
Banc	Lavička
Buisson	Ker
Clôture	Plot
Étang	Rybník
Fleur	Kvet
Garage	Garáž
Hamac	Hojdacia Sieť
Herbe	Tráva
Jardin	Záhrada
Mauvaises Herbes	Buriny
Pelle	Lopata
Pelouse	Trávnik
Râteau	Hrable
Sol	Pôda
Terrasse	Terasa
Trampoline	Trampolína
Tuyau	Hadica
Verger	Sad
Vigne	Vinič

Jouets
Hračky

Argile	Hlina
Artisanat	Remeslá
Avion	Lietadlo
Balle	Lopta
Bateau	Loď
Camion	Nákladné Auto
Crayons	Pastelky
Échecs	Šach
Favori	Obľúbený
Imagination	Predstavivosť
Jeux	Hry
Livres	Knihy
Peinture	Farby
Poupée	Bábika
Puzzle	Hádanka
Robot	Robot
Tambours	Bicie
Train	Vlak
Vélo	Bicykel
Voiture	Auto

Jours et Mois
Dni a Mesiace

Août	August
Avril	Apríl
Calendrier	Kalendár
Dimanche	Nedeľa
Février	Február
Janvier	Január
Jeudi	Štvrtok
Juillet	Júl
Juin	Jún
Lundi	Pondelok
Mardi	Utorok
Mars	Marec
Mercredi	Streda
Mois	Mesiac
Novembre	November
Octobre	Október
Samedi	Sobota
Semaine	Týždeň
Septembre	September
Vendredi	Piatok

Les Abeilles
Včely

Ailes	Krídla
Bénéfique	Prospešný
Cire	Vosk
Diversité	Rôznorodosť
Essaim	Roj
Écosystème	Ekosystém
Fleur	Kvet
Fleurs	Kvety
Fruit	Ovocie
Fumée	Dym
Habitat	Habitat
Insecte	Hmyz
Jardin	Záhrada
Miel	Med
Nourriture	Jedlo
Plantes	Rastliny
Pollen	Peľ
Reine	Kráľovná
Ruche	Úľ
Soleil	Slnko

Légumes
Zelenina

Ail	Cesnak
Artichaut	Artičok
Aubergine	Baklažán
Brocoli	Brokolica
Carotte	Mrkva
Céleri	Zeler
Champignon	Huba
Citrouille	Tekvica
Concombre	Uhorka
Échalote	Šalotka
Épinard	Špenát
Gingembre	Zázvor
Navet	Kvaka
Oignon	Cibuľa
Olive	Olivový
Persil	Petržlen
Pois	Hrach
Radis	Reďkovka
Salade	Šalát
Tomate	Paradajka

Littérature
Literatúra

Analogie	Analógia
Analyse	Analýza
Anecdote	Anekdota
Auteur	Autor
Biographie	Životopis
Comparaison	Porovnanie
Conclusion	Záver
Description	Popis
Dialogue	Dialóg
Fiction	Beletria
Métaphore	Metafora
Narrateur	Rozprávač
Poème	Báseň
Poétique	Poetický
Rime	Rým
Roman	Román
Rythme	Rytmus
Style	Štýl
Thème	Téma
Tragédie	Tragédia

Livres
Knihy

Auteur	Autor
Aventure	Dobrodružstvo
Collection	Zbierka
Contexte	Kontext
Dualité	Dualita
Épique	Epos
Histoire	Príbeh
Historique	Historický
Humoristique	Humorný
Inventif	Vynaliezavý
Lecteur	Čitateľ
Littéraire	Literárny
Narrateur	Rozprávač
Page	Strana
Pertinent	Príslušný
Poème	Báseň
Poésie	Poézia
Roman	Román
Série	Séria
Tragique	Tragický

Maison
Dom

Balai	Metla
Bibliothèque	Knižnica
Chambre	Izba
Cheminée	Krb
Clés	Kľúče
Clôture	Plot
Cuisine	Kuchyňa
Douche	Sprcha
Fenêtre	Okno
Garage	Garáž
Grenier	Podkrovie
Jardin	Záhrada
Lampe	Lampa
Miroir	Zrkadlo
Mur	Stena
Plafond	Strop
Porte	Dvere
Rideaux	Záclony
Tapis	Koberec
Toit	Strecha

Mammifères
Cicavcov

Baleine	Veľryba
Chat	Mačka
Cheval	Kôň
Chien	Pes
Coyote	Kojot
Dauphin	Delfín
Éléphant	Slon
Girafe	Žirafa
Gorille	Gorila
Kangourou	Klokan
Lapin	Králik
Lion	Lev
Loup	Vlk
Mouton	Ovce
Ours	Medveď
Renard	Líška
Singe	Opica
Taureau	Býk
Tigre	Tiger
Zèbre	Zebra

Mathématiques
Matematika

Angles	Uhly
Arithmétique	Aritmetika
Carré	Námestie
Circonférence	Obvod
Décimal	Desatinné
Diamètre	Priemer
Exposant	Exponent
Équation	Rovnice
Fraction	Zlomok
Géométrie	Geometria
Parallèle	Paralelný
Parallélogramme	Rovnobežník
Perpendiculaire	Kolmý
Polygone	Mnohouholník
Rayon	Polomer
Rectangle	Obdĺžnik
Somme	Súčet
Sphère	Sféra
Symétrie	Symetria
Triangle	Trojuholník

Mesures
Merania

Centimètre	Centimeter
Degré	Stupeň
Décimal	Desatinné
Gramme	Gram
Hauteur	Výška
Kilogramme	Kilogram
Kilomètre	Kilometer
Largeur	Šírka
Litre	Liter
Longueur	Dĺžka
Mètre	Meter
Minute	Minúta
Octet	Bajt
Once	Unca
Pinte	Polliter
Poids	Hmotnosť
Pouce	Palec
Profondeur	Hĺbka
Tonne	Ton

Meubles
Vybavenie

Armoire	Armoire
Banc	Lavička
Bibliothèque	Knižnica
Canapé	Gauč
Chaise	Stolička
Commode	Bielizník
Coussins	Vankúše
Étagères	Police
Fauteuil	Kreslo
Futon	Futon
Hamac	Hojdacia Sieť
Lampe	Lampa
Lit	Posteľ
Matelas	Matrac
Miroir	Zrkadlo
Oreiller	Vankúš
Rideaux	Záclony
Tapis	Koberec

Méditation
Meditácia

Acceptation	Prijatie
Attention	Pozornosť
Calme	Pokojný
Clarté	Jasnosť
Compassion	Súcit
Esprit	Myseľ
Émotions	Emócie
Éveillé	Prebudiť
Gentillesse	Láskavosť
Gratitude	Vďačnosť
Habitudes	Návyky
Mental	Mentálny
Mouvement	Pohyb
Musique	Hudba
Nature	Povaha
Observation	Pozorovanie
Paix	Mier
Perspective	Perspektíva
Respiration	Dýchanie
Silence	Ticho

Météo
Počasie

Arc-En-Ciel	Dúha
Atmosphère	Atmosféra
Brise	Vánok
Brouillard	Hmla
Calme	Pokojný
Ciel	Neba
Climat	Klíma
Glace	Ľad
Mousson	Monzún
Nuage	Mrak
Ouragan	Hurikán
Polaire	Polárny
Sec	Suchý
Sécheresse	Sucho
Température	Teplota
Tempête	Búrka
Tonnerre	Hrom
Tornade	Tornádo
Tropical	Tropický
Vent	Vietor

Mythologie
Mytológia

Archétype	Archetyp
Catastrophe	Katastrofa
Comportement	Správanie
Création	Tvorba
Créature	Tvor
Croyances	Presvedčenie
Culture	Kultúra
Éclair	Blesk
Force	Sila
Guerrier	Bojovník
Héroïne	Hrdinka
Héros	Hrdina
Immortalité	Nesmrteľnosť
Jalousie	Žiarlivosť
Labyrinthe	Labyrint
Légende	Legenda
Monstre	Príšera
Mortel	Smrteľný
Tonnerre	Hrom
Vengeance	Pomsta

Nature
Príroda

Abeilles	Včely
Animaux	Zvieratá
Arctique	Arktický
Beauté	Krása
Brouillard	Hmla
Désert	Púšť
Dynamique	Dynamický
Érosion	Erózia
Falaises	Útesy
Feuillage	Lístie
Fleuve	Rieka
Forêt	Les
Glacier	Ľadovec
Montagnes	Hory
Nuage	Oblaky
Sanctuaire	Svätyňa
Sauvage	Divoký
Serein	Pokojný
Tropical	Tropický
Vital	Vitálny

Nombres
Čísla

Cinq	Päť
Deux	Dva
Décimal	Desatinné
Dix	Desať
Dix-Huit	Osemnásť
Dix-Neuf	Devätnásť
Dix-Sept	Sedemnásť
Douze	Dvanásť
Huit	Osem
Neuf	Deväť
Quatorze	Štrnásť
Quatre	Štyri
Quinze	Pätnásť
Seize	Šestnásť
Sept	Sedem
Six	Šesť
Treize	Trinásť
Trois	Tri
Vingt	Dvadsať
Zéro	Nula

Nourriture #1
Jedlo #1

Ail	Cesnak
Basilic	Bazalka
Café	Káva
Cannelle	Škorica
Carotte	Mrkva
Citron	Citrón
Épinard	Špenát
Fraise	Jahoda
Jus	Šťava
Lait	Mlieko
Navet	Kvaka
Oignon	Cibuľa
Orge	Jačmeň
Poire	Hruška
Salade	Šalát
Sel	Soľ
Soupe	Polievka
Sucre	Cukor
Thon	Tuniak
Viande	Mäso

Nourriture #2
Jedlo #2

Amande	Mandle
Aubergine	Baklažán
Banane	Banán
Blé	Pšenica
Brocoli	Brokolica
Cerise	Čerešňa
Céleri	Zeler
Champignon	Huba
Chocolat	Čokoláda
Jambon	Šunka
Kiwi	Kivi
Mangue	Mango
Oeuf	Vajec
Pain	Chlieb
Poisson	Ryby
Pomme	Jablko
Poulet	Kura
Raisin	Hrozno
Riz	Ryža
Tomate	Paradajka

Nutrition
Výživa

Amer	Horký
Appétit	Chuť
Calories	Kalórie
Comestible	Jedlé
Diète	Diéta
Digestion	Trávenie
Épices	Korenie
Équilibré	Vyvážený
Fermentation	Kvasenie
Glucides	Sacharidy
Ingrédients	Ingrediencie
Liquides	Tekutiny
Poids	Hmotnosť
Protéines	Bielkoviny
Qualité	Kvalita
Sain	Zdravý
Santé	Zdravie
Sauce	Omáčka
Toxine	Toxín
Vitamine	Vitamín

Océan
Oceán

Anguille	Úhor
Baleine	Veľryba
Bateau	Loď
Corail	Koralov
Crabe	Krab
Crevette	Krevety
Dauphin	Delfín
Éponge	Hubka
Huître	Ustrice
Marées	Príliv
Méduse	Medúza
Poisson	Ryby
Poulpe	Chobotnica
Requin	Žralok
Récif	Útes
Sel	Soľ
Tempête	Búrka
Thon	Tuniak
Tortue	Korytnačka
Vagues	Vlny

Oiseaux
Vtákov

Aigle	Orol
Autruche	Pštros
Canard	Kačica
Cigogne	Bocian
Colombe	Holubica
Corbeau	Vrana
Coucou	Kukučka
Cygne	Labuť
Héron	Volavka
Manchot	Tučniak
Moineau	Vrabec
Mouette	Čajka
Oeuf	Vajec
Oie	Hus
Paon	Páv
Perroquet	Papagáj
Pélican	Pelikán
Pigeon	Holub
Poulet	Kura
Toucan	Tukan

Pays #2
Krajiny #2

Albanie	Albánsko
Chine	Čína
Danemark	Dánsko
France	Francúzsko
Haïti	Haiti
Indonésie	Indonézia
Irlande	Írsko
Jamaïque	Jamajka
Japon	Japonsko
Kenya	Keňa
Laos	Laos
Liban	Libanon
Mexique	Mexiko
Ouganda	Uganda
Pakistan	Pakistan
Russie	Rusko
Somalie	Somálsko
Soudan	Sudán
Syrie	Sýria
Ukraine	Ukrajina

Paysages
Krajinky

Cascade	Vodopád
Colline	Kopec
Désert	Púšť
Estuaire	Ústie
Fleuve	Rieka
Geyser	Gejzír
Grotte	Jaskyňa
Iceberg	Ľadovec
Île	Ostrov
Lac	Jazero
Marais	Močiar
Mer	More
Montagne	Vrch
Oasis	Oáza
Océan	Oceán
Péninsule	Polostrov
Plage	Pláž
Toundra	Tundra
Vallée	Údolie
Volcan	Sopka

Pirates
Piráti

Ancre	Kotva
Aventure	Dobrodružstvo
Boussole	Kompas
Capitaine	Kapitán
Carte	Mapa
Cicatrice	Jazva
Drapeau	Vlajka
Épée	Meč
Équipage	Posádka
Grotte	Jaskyňa
Île	Ostrov
Légende	Legenda
Mauvais	Zlý
Océan	Oceán
Or	Zlato
Perroquet	Papagáj
Pièces	Mince
Plage	Pláž
Rhum	Rum
Trésor	Poklad

Plage
Pláž

Bateau	Loď
Bleu	Modrá
Coquilles	Škrupiny
Côte	Pobrežie
Crabe	Krab
Dock	Dok
Île	Ostrov
Lagune	Lagúna
Mer	More
Océan	Oceán
Parapluie	Dáždnik
Récif	Útes
Sable	Piesok
Sandales	Sandále
Serviette	Uterák
Soleil	Slnko
Vacances	Dovolenka
Voilier	Plachetnica

Plantes
Rastliny

Arbre	Strom
Baie	Bobule
Bambou	Bambus
Botanique	Botanika
Buisson	Ker
Cactus	Kaktus
Engrais	Hnojivo
Feuillage	Lístie
Fleur	Kvet
Flore	Flóra
Forêt	Les
Haricot	Fazuľa
Herbe	Tráva
Jardin	Záhrada
Lierre	Brečtan
Mousse	Mach
Pétale	Lístok
Racine	Koreň
Tige	Stonka
Végétation	Vegetácia

Professions #1
Profesie #1

Ambassadeur	Veľvyslanec
Astronome	Astronóm
Avocat	Právnik
Banquier	Bankár
Bijoutier	Klenotník
Cartographe	Kartograf
Chasseur	Lovec
Danseur	Tanečník
Entraîneur	Tréner
Éditeur	Editor
Géologue	Geológ
Infirmière	Sestra
Médecin	Lekár
Musicien	Hudobník
Pianiste	Klavirista
Plombier	Inštalatér
Pompier	Hasič
Psychologue	Psychológ
Scientifique	Vedec
Vétérinaire	Veterinár

Professions #2
Profesie #2

Astronaute	Astronaut
Bibliothécaire	Knihovník
Biologiste	Biológ
Chercheur	Výskumník
Chirurgien	Chirurg
Dentiste	Zubár
Détective	Detektív
Enseignant	Učiteľ
Illustrateur	Ilustrátor
Ingénieur	Inžinier
Inventeur	Vynálezca
Jardinier	Záhradník
Journaliste	Novinár
Linguiste	Lingvista
Médecin	Lekár
Peintre	Maliar
Philosophe	Filozof
Photographe	Fotograf
Pilote	Pilot
Zoologiste	Zoológ

Randonnée
Pešia Turistika

Animaux	Zvieratá
Bottes	Čižmy
Camping	Kemp
Carte	Mapa
Climat	Klíma
Eau	Voda
Falaise	Útes
Fatigué	Unavený
Lourd	Ťažký
Météo	Počasie
Montagne	Vrch
Moustiques	Komáre
Nature	Povaha
Orientation	Orientácia
Parcs	Parky
Pierres	Kamene
Préparation	Príprava
Sauvage	Divoký
Soleil	Slnko
Sommet	Summit

Remplir
Vyplniť

Baignoire	Vaňa
Baril	Sud
Boîte	Box
Bouteille	Fľaša
Caisse	Prepravka
Carton	Kartón
Dossier	Zložka
Enveloppe	Obálka
Navire	Nádoba
Panier	Kôš
Plateau	Podnos
Poche	Vrecko
Pot	Jar
Sac	Taška
Seau	Vedro
Tiroir	Zásuvka
Tube	Trubica
Valise	Kufor
Vase	Váza

Restaurant #1
Reštaurácia #1

Allergie	Alergia
Assiette	Tanier
Bol	Miska
Café	Káva
Caissier	Pokladník
Couteau	Nôž
Cuisine	Kuchyňa
Dessert	Dezert
Épicé	Pikantné
Ingrédients	Ingrediencie
Menu	Menu
Nourriture	Jedlo
Pain	Chlieb
Poulet	Kura
Réservation	Rezervácia
Sauce	Omáčka
Serveuse	Čašníčka
Serviette	Obrúsok
Viande	Mäso

Restaurant #2
Reštaurácia č. 2

Boisson	Nápoj
Chaise	Stolička
Cuillère	Lyžica
Déjeuner	Obed
Délicieux	Lahodný
Dîner	Večera
Eau	Voda
Épices	Korenie
Fourchette	Vidlica
Fruit	Ovocie
Gâteau	Torta
Glace	Ľad
Légumes	Zelenina
Nouilles	Rezance
Oeuf	Vajcia
Poisson	Ryby
Salade	Šalát
Sel	Soľ
Serveur	Čašník
Soupe	Polievka

Salle de Bains
Kúpeľňa

Bain	Kúpeľ
Bulles	Bubliny
Ciseaux	Nožnice
Douche	Sprcha
Eau	Voda
Éponge	Hubka
Évier	Drez
Lotion	Krém
Miroir	Zrkadlo
Parfum	Parfum
Robinet	Kohútik
Savon	Mydlo
Serviette	Uterák
Shampooing	Šampón
Tapis	Koberec
Toilette	Záchod
Vapeur	Para

Science
Veda

Atome	Atóm
Chimique	Chemický
Climat	Klíma
Données	Údaje
Expérience	Experiment
Évolution	Vývoj
Fait	Fakt
Fossile	Fosílne
Gravité	Gravitácia
Hypothèse	Hypotéza
Laboratoire	Laboratórium
Méthode	Metóda
Minéraux	Minerály
Molécules	Molekuly
Nature	Povaha
Observation	Pozorovanie
Organisme	Organizmus
Particules	Častice
Physique	Fyzika
Scientifique	Vedec

Science-Fiction
Science Fiction

Atomique	Atómová
Cinéma	Kino
Explosion	Výbuch
Extrême	Extrémny
Fantastique	Fantastický
Feu	Oheň
Futuriste	Futuristický
Galaxie	Galaxia
Illusion	Ilúzia
Imaginaire	Imaginárny
Livres	Knihy
Monde	Svet
Mystérieux	Tajomný
Oracle	Oracle
Planète	Planéta
Réaliste	Realistický
Robots	Roboty
Scénario	Scenár
Technologie	Technológia
Utopie	Utópia

Sports
Športové

Arbitre	Rozhodca
Athlète	Športovec
Base-Ball	Bejzbal
Basket-Ball	Basketbal
Championnat	Majstrovstvo
Entraîneur	Tréner
Équipe	Tím
Gagnant	Víťaz
Golf	Golf
Gymnase	Gymnázium
Gymnastique	Gymnastika
Hockey	Hokej
Jeu	Hra
Joueur	Hráč
Mouvement	Pohyb
Stade	Štadión
Tennis	Tenis
Vélo	Bicykel

Surf
Surfovanie

Amusement	Zábava
Athlète	Športovec
Champion	Majster
Débutant	Začiatočník
Estomac	Žalúdok
Extrême	Extrémny
Force	Sila
Foules	Davy
Météo	Počasie
Mousse	Pena
Océan	Oceán
Pagaie	Pádlo
Plage	Pláž
Populaire	Populárny
Récif	Útes
Style	Štýl
Vague	Vlna
Vitesse	Rýchlosť

Technologie
Technológia

Blog	Blog
Caméra	Fotoaparát
Curseur	Kurzor
Données	Údaje
Écran	Obrazovka
Fichier	Súbor
Internet	Internet
Logiciel	Softvér
Message	Správa
Navigateur	Prehliadač
Numérique	Digitálny
Octets	Bajtov
Ordinateur	Počítač
Police	Písmo
Recherche	Výskum
Sécurité	Bezpečnosť
Statistiques	Štatistika
Virtuel	Virtuálny
Virus	Vírus

Temps
Čas

Année	Rok
Annuel	Ročný
Après	Po
Avant	Pred
Bientôt	Čoskoro
Calendrier	Kalendár
Décennie	Desaťročie
Futur	Budúcnosť
Heure	Hodina
Hier	Včera
Horloge	Hodiny
Jour	Deň
Maintenant	Teraz
Matin	Ráno
Midi	Poludnie
Minute	Minúta
Mois	Mesiac
Nuit	Noc
Semaine	Týždeň
Siècle	Storočie

Types de Cheveux
Typy Vlasov

Argent	Striebro
Blanc	Biely
Blond	Blond
Boucles	Kučery
Brillant	Lesklý
Chauve	Plešatý
Coloré	Farebné
Court	Krátky
Doux	Mäkký
Épais	Hrubý
Frisé	Kučeravý
Gris	Šedá
Long	Dlhý
Marron	Hnedý
Mince	Tenký
Noir	Čierny
Ondulé	Vlnitý
Sain	Zdravý
Sec	Suchý
Tressé	Pletené

Vacances #1
Dovolenka #1

Aller	Ísť
Avion	Lietadlo
Billet	Lístok
Devise	Mena
Départ	Odlet
Douane	Colné
Expédition	Expedícia
Itinéraire	Itinerár
Lac	Jazero
Musée	Múzeum
Parapluie	Dáždnik
Relaxation	Relaxácia
Sac à Dos	Batoh
Touriste	Turista
Tram	Električka
Valise	Kufor
Voiture	Auto

Vacances #2
Dovolenka #2

Aéroport	Letisko
Camping	Kemp
Carte	Mapa
Destination	Cieľ
Étranger	Cudzinec
Hôtel	Hotel
Île	Ostrov
Loisir	Voľný Čas
Mer	More
Passeport	Pas
Plage	Pláž
Restaurant	Reštaurácia
Réservations	Rezervácie
Taxi	Taxi
Tente	Stan
Train	Vlak
Transport	Preprava
Vacances	Dovolenka
Visa	Víza
Voyage	Cesta

Vertus #1
Cnosti #1

Artistique	Umelecký
Bon	Dobre
Charmant	Očarujúci
Confiant	Istý
Curieux	Zvedavý
Décisif	Rozhodujúci
Drôle	Smiešny
Efficace	Účinný
Fiable	Spoľahlivý
Généreux	Štedrý
Indépendant	Nezávislý
Intelligent	Inteligentný
Modeste	Skromný
Passionné	Vášnivý
Patient	Pacient
Pratique	Praktický
Propre	Čistý
Sage	Múdry
Utile	Užitočný

Véhicules
Vozidlá

Ambulance	Ambulancie
Avion	Lietadlo
Bateau	Loď
Bus	Autobus
Camion	Nákladné Auto
Caravane	Karavána
Ferry	Trajekt
Fusée	Raketa
Hélicoptère	Vrtuľník
Métro	Metro
Moteur	Motor
Navette	Raketoplán
Pneus	Pneumatiky
Radeau	Raft
Scooter	Skúter
Sous-Marin	Ponorka
Taxi	Taxi
Tracteur	Traktor
Vélo	Bicykel
Voiture	Auto

Vêtements
Oblečenie

Bracelet	Náramok
Ceinture	Pás
Chapeau	Klobúk
Chaussure	Topánka
Chemise	Košeľa
Chemisier	Blúzka
Collier	Náhrdelník
Foulard	Šál
Gants	Rukavice
Jeans	Džínsy
Jupe	Sukňa
Manteau	Plášť
Mode	Móda
Pantalon	Nohavice
Pull	Sveter
Pyjama	Pyžamá
Robe	Šaty
Sandales	Sandále
Tablier	Zástera
Veste	Bunda

Ville
Mesto

Aéroport	Letisko
Banque	Banka
Bibliothèque	Knižnica
Boulangerie	Pekáreň
Cinéma	Kino
Clinique	Klinika
École	Škola
Fleuriste	Kvetinárstvo
Galerie	Galéria
Hôtel	Hotel
Librairie	Kníhkupectvo
Marché	Trh
Musée	Múzeum
Pharmacie	Lekáreň
Restaurant	Reštaurácia
Stade	Štadión
Supermarché	Supermarket
Théâtre	Divadlo
Université	Univerzita
Zoo	Zoo

Félicitations

Vous avez réussi !

Nous espérons que vous avez apprécié ce livre autant que nous avons pris plaisir à le concevoir. Nous faisons de notre mieux pour créer des livres de la meilleure qualité possible.
Cette édition est conçue pour permettre un apprentissage intelligent et de qualité en se divertissant !

Vous avez aimé ce livre ?

Une Simple Demande

Nos livres existent grâce aux avis que vous publiez. Pourriez-vous nous aider en laissant un avis maintenant ?

Voici un lien rapide qui vous mènera à votre
page d'évaluation de vos commandes :

BestBooksActivity.com/Avis50

CHALLENGE FINAL !

Défi n°1

Êtes-vous prêt pour votre jeu bonus ? Nous les utilisons tout le temps mais ils ne sont pas si faciles à trouver. Voici les **Synonymes** !

Notez 5 mots que vous avez trouvés dans les puzzles notés ci-dessous (n°21, n°36, n°76) et essayez de trouver 2 synonymes pour chaque mot.

Notez 5 Mots du **Puzzle 21**

Mots	Synonyme 1	Synonyme 2

Notez 5 Mots du **Puzzle 36**

Mots	Synonyme 1	Synonyme 2

Notez 5 Mots du **Puzzle 76**

Mots	Synonyme 1	Synonyme 2

Défi n°2

Maintenant que vous vous êtes échauffé, notez 5 mots que vous avez découverts dans les Puzzles n° 9, n° 17, n° 25 et essayez de trouver 2 antonymes pour chaque mot. Combien pouvez-vous en trouver en 20 minutes ?

Notez 5 Mots du **Puzzle 9**

Mots	Antonyme 1	Antonyme 2

Notez 5 Mots du **Puzzle 17**

Mots	Antonyme 1	Antonyme 2

Notez 5 Mots du **Puzzle 25**

Mots	Antonyme 1	Antonyme 2

Défi n°3

Formidable ! Ce défi final n'est rien pour vous.

Prêt pour le dernier défi ? Choisissez 10 mots que vous avez découverts parmi les différents puzzles et notez-les ci-dessous.

1.	6.
2.	7.
3.	8.
4.	9.
5.	10.

Maintenant, composez un texte en pensant à une personne, un animal ou un lieu que vous aimez !

Astuce: Vous pouvez utiliser la dernière page de ce livre comme brouillon !

Votre Composition :

CARNET DE NOTES :

À TRÈS BIENTÔT !

Toute l'équipe

DECOUVREZ DES JEUX GRATUITS

GO

BESTACTIVITYBOOKS.COM/FREEGAMES